Nationalpark Vorpommersche Boddenlandschaft

Jürgen Reich [Text und Fotos]
Thomas Grundner [Fotos]

HINSTORFF

Inhalt

Der Nationalpark Vorpommersche Boddenlandschaft

Der Nationalpark Vorpommersche Boddenlandschaft ist mit seiner Gesamtfläche von 78 600 Hektar der größte seiner Art in Ostdeutschland. Er umfasst Teile der Ostsee und weite Bereiche des Boddens sowie Gebiete der Halbinsel Darß-Zingst und Westrügens, einschließlich der Insel Hiddensee. Der Park liegt damit in einem landschaftlich vielfältig strukturierten Raum, der zugleich eine der wichtigsten Tourismusregionen des Landes Mecklenburg-Vorpommern darstellt.

Das Gebiet besteht aus 134 Quadratkilometern (17 %) Land- und 652 Quadratkilometern (83 %) Wasserfläche. Die Küstenlinien sind 371 Kilometer lang, 71 Kilometer erstrecken sich an der Ostsee, 300 Kilometer bildet das Boddenufer. Die Fläche wurde in die Schutzzonen I (136 Quadratkilometer) und II (650 Quadratkilometer) gegliedert. In diesen Bereichen liegende Ortschaften einschließlich ihrer nächsten Umgebung gehören nicht dazu.

Die Schutzzone I (Kernzone) beinhaltet die Gebiete, die überwiegend durch natürliche Prozesse entstanden sind. Die Schutzzone II (Pflege- und Entwicklungszone) umfasst vor allem extensiv genutzte Landwirtschafts- und Forstflächen. Langfristig soll unter anderem durch Renaturierungen der Anteil natürlicher Bereiche erhöht werden.

Im Nationalpark Vorpommersche Boddenlandschaft zeigen sich erdgeschichtlich sehr junge Landschaftsformen mit starker Durchdringung von Land- und Wasserflächen. Deshalb prägte der Verband Europarc Deutschland die Bezeichnung »Lagunen der Ostsee« als Alleinstellungsmerkmal für den Park. Nahezu die Hälfte des unter Schutz Gestellten wird von der Ostsee einge-

nommen. Hier findet sich ein typischer Ausschnitt ihrer Flachwasserzone sowie die vorpommersche Ausgleichsküste mit Windwatten, Sandhaken, Nehrungen, aktiven Kliffs, Stränden, Strandseen und Dünen. Dazu gehören die Darß-Zingster und die Westrügensche Boddenkette als Flachwasserökosysteme mit Backwasserröhrichten und Küstenüberflutungsmooren.

Diese Küstenbereiche bilden als international bedeutende Lebensräume für Brut- und Zugvögel die Grundlage für den Status des Nationalparkes als Europäisches Vogelschutzgebiet. Unter den 163 Brutvogelarten sind 70 in der Roten Liste der gefährdeten Brutvögel Mecklenburg-Vorpommerns verzeichnet, 67 finden sich auf der Roten Liste Deutschlands. Und auch international als bedroht eingestufte Arten sind in der vorpommerschen Boddenlandschaft zu beobachten.

Als der Nationalpark 1990 gegründet wurde, waren zwar bereits elf kleinere, bedeutende Naturschutzgebiete zwischen Westdarß und Westrügen ausgewiesen. Militärische Sperrgebiete, Staatsjagd und industriemäßige Landwirtschaft hatten der Natur wie den Menschen jedoch zu Zeiten des DDR-Regimes enge Grenzen gesetzt.

Sollte mit dem anspruchsvollen Nationalparkprogramm der großflächige Naturschutz gelingen, galt es zuerst, Altlasten und Naturhindernisse zu beseitigen. Vom Darßer Ort über den Ostzingst, die Insel Bock und den Dornbusch auf Hiddensee bis zur Halbinsel Bug an der Küste Westrügens waren mehrere tausend Hektar mit verschiedenen ausladenden Militäranlagen und Betonbauten durchsetzt. Im Auftrag der Nationalparkverwaltung wurden diese Hinterlassenschaften der Nationalen Volksarmee aus den Dünen entfernt, Schießplatzanlagen mit Kasernen zurückgebaut, ein technisches Trockenwerk und zahlreiche Silos sowie ehemalige Grenzanleger abgerissen und systematisch entsorgt.

Gleichzeitig begann man, mit einem umfangreichen Förderprogramm des Landes Mecklenburg-Vorpommern die zerstörende Großlandwirtschaft in landschaftspflegende Extensivbewirtschaftung umzuwandeln.

Die beiden Leuchttürme auf dem Darß und auf Hiddensee blinken mittlerweile über neue Naturoasen – die teilweise für Besucher offen stehen. Wer ahnt schon, dass dort, wo heute der Rundwanderweg auf Holzbohlen durch die Dünen am Darßer Ort führt, bis vor 20 Jahren Bungalows für Militärgrößen sowie Versorgungsstraßen und ein befestigter Hubschrauberlandeplatz hinter Stacheldraht verborgen waren?

Auch auf dem Ostzingst ist der militärische Schießplatz mit allen Gebäuden längst verschwunden. Nach acht Kilometern autofreiem Fuß- oder Radweg ist von den Sundischen Wiesen aus Pramort am Ende der Halbinsel zu erreichen. In diese faszinierende Landschaft zieht es jährlich besonders im Herbst die Menschen – zum größten Kranichschlafplatz in Mitteleuropa.

Die Kraniche stellen die für den Nationalpark markanteste der vielen Vogelarten dar. Das Tierspektrum umfasst aber auch zahlreiche Säugetierarten – sowohl im Wasser als auch auf dem Land. Hier seien Schweinswal, Seehund und Kegelrobbe, aber zugleich Rothirsch, Wildschwein und neuerdings der Biber genannt. Hirsche bei ihrer Brunft zu erleben, ist inzwischen ein besonderes Naturerlebnis für die Besucher des Parkes geworden. Auch die über 700 bisher nachgewiesenen höheren Pflanzenarten prägen die Vorpommersche Boddenlandschaft. Mit ihrer standörtlichen Spezifität belegen sie ebenfalls die große Schutzwürdigkeit des Gebietes.

Die natürliche Entwicklung des Nationalparkes bewirkt auch, dass Lebensräume sich frei entfalten, immer wieder neue Arten einwandern und andere verschwinden. Diesen Prozess auf möglichst großer Fläche zu schützen, ist eines der Hauptanliegen, die national und international für Nationalparke vorgegeben sind.

Nationalparkranger achten darauf, dass die Vorschriften eingehalten werden, die zum Schutz der Natur erlassen wurden. Zugleich sind sie gerade bei großem Besucherandrang vor Ort die wichtigsten Ansprechpartner für die Touristen. Diese bescheren inzwischen den Nationalparkgemeinden nicht nur eine profitable Nachsaison.

Auf dem Neuland des Bessin auf Hiddensee sind Ranger wie auch Vogelwärter des Nationalparkamtes mit besonderen Aufgaben betreut. Für die Vorbereitung des Buches übernahmen die Autoren zeitweise den ehrenamtlichen Vogelwärterdienst und schildern in beeindruckender Weise ihre Erlebnisse. Gleiches gilt für die Beschreibung der Kormorane, die im Nationalpark ihre geschützte Bodenkolonie haben. Wie der König der Lüfte, der Seeadler, von dieser Besonderheit profitiert, dürfte auch in Fachkreisen bisher kaum bekannt gewesen sein.

Nationalparkamt Vorpommern, Born

Die Hohe Düne von Pramort ist der beeindruckende geologische Höhepunkt am östlichen Ende der Halbinsel Zingst. Bis zu 11 Meter ragen die kaum bewachsenen Weißdünen auf. Ein Bohlenweg leitet alle Besucher über die trittempfindliche Vegetation bis zu einer Aussichtsplattform, von der aus das Gelände gut zu überschauen ist.

Die Dünen sind in ständiger Bewegung. Angelandeter Sand wird vom Wind angehäuft, umgelagert, abgetragen. Kaum findet der erste Strandhafer Zeit, die losen Aufwehungen zu befestigen. In den Dünentälern versucht die Besenheide oder an feuchten Standorten die erste Moorvegetation die kahlen Flächen zu besiedeln.

Sturmzerzaust stehen die Buchen am wildromantischen Darßer Weststrand. Diese windexponierte Abtragungsküste ist auch ein beliebter Badestrand. Bei schönem Strandwetter im Sommer ahnt kaum jemand, mit welcher Gewalt Sturm und Hochwasser in den Wintermonaten diesem Küstenabschnitt zusetzen, ihn formen und umgestalten.

In Küstennähe wächst auf dem Darß ein Buchenwald, der hier die Grenze seiner Existenzmöglichkeiten erreicht. Auf leichten, nährstoffarmen Böden haben die Bäume im rauen Seeklima bizarre Formen herausgebildet, altern, sterben ab und machen der nächsten Waldgeneration Platz, ohne dass der Mensch in diesen natürlichen Prozess eingreift.

Alte, einzeln stehende Weißdornbüsche, die durch Beweidung und Verbiss zu Bäumen aufgewachsen sind, zeugen wie hier auf Ummanz von der jahrhundertelangen extensiven Weidewirtschaft an den flachen Ufern der Bodden. Diese artenreichen Wiesen sind ein wertvolles Kulturgut und nur durch Weiterführung der Beweidung im Nationalpark zu erhalten.

Der Dornbusch auf Hiddensee war in slawischer Zeit von dichtem Wald bedeckt. Er verschwand im frühen Mittelalter, wurde für den Schiffbau und zur Brennholzgewinnung übernutzt. Die nachfolgende Weidetierhaltung verhinderte die Neubewaldung. So ist diese Landschaft über ein halbes Jahrtausend bis heute im Wesentlichen unverändert geblieben.

13

Beeindruckende Bilder von Vogelschwärmen, wie hier die Kormorane, würde man in diesen Größenordnungen nur von anderen Kontinenten vermuten. Es gibt sie jedoch auch an der Ostsee. Im dicht besiedelten Mitteleuropa ist es notwendig, Schutzgebiete einzurichten, die den Tieren das Überleben sichern.

Brandseeschwalben brüten nur dort, wo ihr Lebensraum frei von Beutegreifern ist. Die traditionellen Seevogelbrutplätze auf den schon seit Jahrzehnten unter Naturschutz stehenden Inseln in der Darß-Zingster Boddenkette sowie Inseln West-rügens beherbergen ein reichhaltiges Artenspektrum an Küstenvögeln.

Naturbegegnungen können im Nationalpark auch ganz unmittelbar sein. Die nunmehr zwei Jahrzehnte Jagdruhe in einigen Bereichen hat das Wild vertraut werden lassen, wie es sonst nur aus afrikanischen oder nordamerikanischen Schutzgebieten bekannt ist. Trotzdem sollte aus Gründen der eigenen Sicherheit immer ein respektabler Abstand gewahrt werden.

Naturverständnis setzt auch Naturwissen voraus. Führungen und Vorträge werden den Besuchern des Nationalparks an vielen Orten der Region angeboten. Hier ist der Vogelwärter vom Bessin auf Hiddensee zum Treffpunkt »Utkiek« hinübergerudert und berichtet über das Brutgeschehen auf der Halbinsel.

18

Ein Küstenlebensraum von unglaublich hoher Dynamik und starkem Kontrast ist der Bereich zwischen Windwatt Bock und dem Gellen, der Südspitze Hiddensees. Mitten in dieser Nationalparkkernzone I liegen die Kleinen Werder Inseln und der Große Werder. Hier übernachten zur Zugzeit im Herbst und Frühjahr zehntausende Kraniche.

Der Darßer Ort ist einer der markantesten Punkte der Ostseeküste. Er wächst seit der Mittelsteinzeit ständig weiter in das Meer hinaus. An der Waldstruktur sind die alten Küstenlinien noch gut zu erkennen, wird der Landzuwachs nachvollziehbar. Schon ragen die nächsten vorgelagerten Sandbänke aus dem Wasser und kündigen die Lage der zukünftigen Dünen an.

Hohe Küstendynamik kennzeichnet auch der Nordstrand der Halbinsel Zingst. Wo heute Flachwasserbereiche und Sandstrand vorhanden sind, wuchsen in der Vergangenheit dicke Torfschichten heran, auf denen sich Wald ausbreiten konnte. Nun liegen die Torfe im Ostseewasser und die Eichen zeugen von den rasanten Lebensraumveränderungen.

Nie gab es seit dem Abschmelzen der Gletscher einen Entwicklungsstillstand des Meeres. Geologisch gesehen sind die Veränderungen an der südlichen Ausgleichsküste der Ostsee momentan gering. Trotzdem ist das Auftreten von Sturmhochwasser, das im Winterhalbjahr mehrfach die Küste des Nationalparks heimsucht, ein besonderes Erlebnis.

Sturm am Darßer Weststrand

Ahrenshoop war menschenleer. Der Ort, wo es im Sommer oft zugeht wie in der belebten Einkaufsstraße einer Großstadt, erschien wie ausgestorben. Die Urlauber, welche zum Jahreswechsel gerne die ruhige Zeit an der Küste verbrachten, waren längst wieder zu Hause. Mitte Januar kamen kaum Gäste hierher.

Aber an diesem Tag ging auch kein Einheimischer vor die Tür. Über dem Ort bogen sich bedenklich die ohnehin schief stehenden Bäume. Überall lagen abgebrochene Äste auf der Straße, um die Flugsand in langen Fahnen herumfegte, wie man es sonst nur von Schnee kannte. Der lokale Rundfunk verbreitete halbstündlich Unwetterwarnungen, die sehr bedenklich klangen. Unnötige Fahrten sollten unterbleiben!

Trotzdem, ich musste unbedingt das Meer sehen!

Der letzte Parkplatz an der Straße hinter Ahrenshoop lag verwaist. Dort am Waldrand, wo das Nationalparkschild stand, verließ sie den Schutz der Düne, um im Darßwald zu verschwinden. Von hier war es zu Fuß nicht mehr weit bis zum berühmten Weststrand.

Schon der Kontrast zwischen dem beheizten, schallgedämmten Autoinneren und der Wirklichkeit draußen war erschreckend. Die Tür ging nur schwer auf. Sofort wurde ein lautes Tosen hörbar, das nicht nur in den großen Pappeln am Parkplatzrand schwang. Was vor der Düne geschah, verrieten ballgroße Schaumfetzen, die vom Sturm übers Land getrieben wurden. Die Luft war diesig und deutlich salziger als sonst. Sie riss Sand mit, der sich am Fuß der Düne ablegte.

Je weiter ich auf den Dünenkamm zuschritt, umso schärfer schlugen die harten Quarzkörner ins Gesicht. Den Hang hinauf war es nur gebeugt und mit geschlossenen Augen möglich voranzukommen. Ganz oben angelangt, fegte der unangenehme Sandstrahl nur noch um die Beine. Lediglich der sprühregenartige Dunst blieb. Das Atmen und Stehen fiel schwer, überall drückten mit unsichtbarer Kraft die Orkanböen gegen den Körper, als würde man in einer großen Menschenmenge hilflos hin und her geschoben. Die Kleidung hatte ich zum Glück fest geschlossen. Mein Bart jedoch schlug hoch bis in die Augen, was sehr unangenehm war, da die Haare bei einer derartigen Kälte hart wie Klingeldraht werden.

Aber was sich nun den Augen bot, war unbeschreiblich. Das Meer tobte, brüllte und wühlte, als wollte es aus seinem jahrtausendealten Bett herausspringen. Von weit her rollten schwarze Wellen mit breiten weißen Schaumkronen auf das Land zu. Je näher sie kamen, desto steiler bauten sie sich auf.

Der Horizont erschien ganz nah, obwohl die sonst so scharfe Linie zwischen Wasser und Himmel lediglich einen dunstig vagen Übergang bildete. Wellen und tief dahinjagende Wolken verschmolzen kaum eine Seemeile vom Ufer entfernt.

Nur ganz selten drangen einige Sonnenstrahlen für Momente durch den schwarzen Himmel bis zur Wasseroberfläche. Dann bewegten sich die hellen Strahlen wie ein Punktscheinwerfer irritiert über die tosenden Wellenberge. Hoffnungsvoll wirkte dieses Licht allerdings nicht in dem Chaos der Wasserwüste. Es vertiefte nur noch die finstere Stimmung.

Den Strand, den im Sommer viele Menschen bevölkern, gab es nicht mehr! Bis an den Fuß der Düne schlugen die Wellen. Aber das schien ihnen nicht zu reichen. Sie trugen den Schutzwall ab! Ein meterhohes Kliff war bereits entstanden, an dessen oberer Kante die Wurzeln vom Strandhafer hoffnungslos versuchten, die Düne festzuhalten. Umsonst, da stürzte schon wieder eine ganze Kipperladung Sand in die Tiefe.

Sofort begann das Hochwasser, ihn in Empfang zu nehmen. Welle folgte auf Welle. Ein Dutzend reichte aus, schon war der tonnenschwere Hügel eingeebnet. Der nächste Brecher schlug bereits wieder mit zerstörerischer Kraft an die Kliffkante. Lange musste man nicht warten, da verschwand etwas weiter entfernt das nächste Stück Düne.

Ich wandte mich nach Norden. Nun drückten die Böen von der Seite. Aber man konnte besser sehen, denn die salzgefüllte Luft schlug nicht mehr unmittelbar auf die Augen. Auch fiel das Atmen etwas leichter. Es war zwar mit 0 Grad nicht kalt, aber die dicke Jacke, die sonst erst ab -10 Grad ihren Sinn erfüllte, tat sehr gut. Sie wärmte angenehm, obwohl der Wind überall versuchte, darunter zu blasen.

Nach wenigen hundert Metern stieß der Wald direkt bis an die Düne. Hier wechselte der Küstenverlauf allmählich von einer West-Ost in eine Süd-Nord Richtung. An dieser Stelle begann der berühmte Weststrand, der erst am acht Kilometer entfernten Leuchtturm Darßer Ort endet. Seit jeher bot er dem meist von West kommenden Wetter die Stirn.

Kaum hatte der Waldsaum die Küste erreicht, zeichnete sich ein kleiner Trampelpfad ab. Ihn hatten im Sommer sicherlich Urlauber getreten, die sich nicht länger der gleißenden Sonne am Strand aussetzen wollten und lieber im angenehmen Waldschatten spazieren gingen. Hier lief man ganz bequem zwischen den hohen Bäumen entlang. Aber sehr weit führte der schmale Weg nicht. Schon endete er jäh an einer neu entstandenen Abbruchkante. Auch an dieser Stelle nagten die Wellen am meterhohen Kliff. Ihre Schaumkronen waren sogar höher als dessen

oberer Rand, so dass die Gischt in den Wald flog. Nicht weit entfernt stand eine Buche, deren flacher Wurzelteller bis auf Stammhöhe bereits in der Luft hing. Sie hatte nicht mehr viel Zeit.

Ein kleines Bäumchen mag sie gewesen sein, als vor etwa 130 Jahren Maler die wilde Schönheit des Weststrandes entdeckten. Damals wuchs sie noch mitten im Bestand, von Gleichaltrigen umgeben, geschützt vor dem rauen Klima auf. Aber mit jeder Sturmflut näherte sich der Strand. Je mehr sie schutzlos in die vorderen Reihen rückte, wuchs ihr Stamm schräg, noch viel schräger die Krone. Nur auf der windabgewandten Seite konnten ihre Äste weiter wachsen. Der einst so gerade Baum duckte sich vor dem wiederkehrenden Sturm. Zu einem schiefen Windflüchter am Rand des Meeres hatte er sich schließlich entwickelt, die einzige Chance, hier etwas länger zu überleben.

Aber nun war die See heran! Selbst jetzt, kurz vor dem Ende, schien noch ein Gleichgewicht zwischen dem Wurzelteller und dem nach Osten gedrückten Stamm zu bestehen.

Ich wartete etwas abseits im Windschutz eines sicher erscheinenden Baumes, denn im Kronenbereich des Waldes schlugen bedenklich klappernd die kahlen Äste aneinander. Drüben unter dem Wurzelteller verschwand der Waldboden, die größten Wellen spülten sogar schon Sand zwischen den Wurzeln heraus. Immer bedenklicher schwankte die Buche, je nach Stärke der Orkanböe.

Da, ein Riss entstand auf der Waldseite im Boden! Aber das Wurzelgeflecht der umstehenden Bäume untereinander hielt. Erst allmählich, je mehr Erde verschwand, wurde aus dem Riss ein Spalt. Noch hielten die Nachbarbäume mit beachtlich dicken Wurzelsträngen die Buche, als wollten sie ihren Untergang verhindern. Minuten später jedoch zerrissen zuerst die dünnen, zuletzt die stärkeren Haltewurzeln, die den Baum fast 150 Jahre lang ernährt hatten. Deutlich war das Geschehen zu sehen. Hören konnte man es bei dem Getöse, Jaulen und Pfeifen aber nicht.

Der Wurzelteller war fast gänzlich freigespült, da gab es plötzlich einen Ruck. Die Buche sank herab! Noch für drei, vier Wellenschläge stand sie kerzengerade am Strand, musste sich dann aber zum Meer beugen, bis kurz darauf die Krone auf das Wasser schlug. Aus dem tellerförmigen Geflecht schossen armstarke Wurzeln in die Höhe. Nun hatten die Wellen ein leichtes Spiel. Die erste hob den Stamm etwas an, die zweite unterspülte ihn – und schon die nächsten Brecher zogen die Buche ins tiefere Wasser. Dort, weit eingesunken dümpelte sie umher. Erst jetzt bemerkte ich, dass mehrere Stämme in der Brandung schwammen. Beim Aufstreben der Wellen trieben sie hoch, um sogleich von der Schaumkrone überrollt zu werden. Im Wellental dahinter verschwanden sie gänzlich unter der Oberfläche.

Das Meer spielte mit den tonnenschweren Bäumen genauso leicht wie Kinder mit Mikadostäben. Jetzt war ganz deutlich zu sehen, welche erschreckende Kraft die Brandung entwickeln konnte. Sie warf die Stämme nicht irgendwo an das Ufer zurück, sondern riss sie mit erstaunlicher Geschwindigkeit nach Norden, quer zur Wellenrichtung fort. Dorthin verbrachte das Meer auch den Sand. Erst wenn der Strömungsdruck auf die Küste am Darßer Ort nachlassen sollte, würde das Fortgerissene absinken. So entstand an der Landspitze nördlich vom Leuchtturm ständig Neuland. Wo würde der Buchenstamm, der nun schon aus meinen Augen verschwunden war, ankommen. Unweit am Strand? Spätestens hinter dem letzten Sandhacken vom Darßer Ort musste das Meer ihn eigentlich wieder hergeben. Oder nahm der Sturm ihn mit auf die offene See?

Noch in Gedanken versunken, entdeckte ich plötzlich einen Mensch! Sturmgebeugt tauchte er zwischen den Buchenstämmen auf und ging im Eilschritt an der Abbruchkante entlang.

Mit der linken Hand hielt er die Mütze fest, die Rechte umklammerte einen Kescher – der Bernsteinfischer! Mich bemerkte er nicht. Weiter vorn, wo der Strand noch nicht verschwunden war, er auch bei Hochwasser noch kleine Buchten besaß, lag sicherlich Bernstein zwischen dem Treibholz. Bei dem zielstrebigen Schritt wusste er anscheinend ganz genau, wo die besten Fundplätze lagen. Ich wartete, ließ ihm den Vorsprung. Die See lief eindeutig immer weiter auf! Zuerst ganz vereinzelt, dann an vielen Stellen, schoss Wasser über die oberen Kliffkanten. Vielfach entstanden im Wald Salzwasserlachen, die nicht mehr versickerten, da ständig neues Wasser nachlief. Ich ging weiter, fand abschnittsweise den kleinen Trampelpfad, der aber oft abrupt an der Kante endete. Nach einigen Kilometern schien es endgültig keinen Weg mehr zu geben. Ein tiefer liegendes Tal, dass zwischen alten Dünenrücken in den Wald verlief, hatte seinen kleinen schützenden Strandwall zum Meer hin verloren. Nun strömte das Wasser kaum gebremst, breitflächig, über und zwischen Treibholz hindurch in diese schilfbewachsene Riege. Beim genauen Hinschauen bemerkte ich, dass auf zwei-drei großen Wellen mehrere kleinere folgten, die das kleine Torfkliff nicht überspülen konnten, welches kurzzeitig schwarz aus dem Wasser schaute. Dieser Sockel, durchsetzt mit Schilfwurzeln, schien fest zu sein. Das war die Brücke!

Als diese wieder einmal hervorkam, hieß es losrennen. Unter den Stiefeln spritzte das Wasser aus dem gesättigten Torfkörper, Schaum flog über die Kante. Schon drückten große Wellen neue Wassermassen heran, schwankendes Treibholz behinderte beim Laufen. Die letzten Schritte platschten bereits im aufstrudelnden Wasser. Aber die Stiefelhöhe reichte aus.

Nur wenigen Menschen ist dieses Gesicht der Ostsee bekannt, wenn Herbststürme über das Meer jagen und Hochwasser die Küsten zerzausen.

Ich erreichte einigermaßen trocken die erste Düne auf dem Neudarß. Die alte, mit Kiefern bewachsene Sandaufwehung lag deutlich höher als das umgebende Land. Von ihrer Spitze aus konnte man wunderbar über das Meer schauen.

Dieses dunkle Meer, mit dem fast gleichfarbigen Himmel darüber, auf dem nur die weißen Schaumkämme aufblitzten, hatte ich schon gesehen: Damals, in der warmen Hamburger Kunsthalle, von einem Stimmengewirr umgeben, stand ich davor. »Der Mönch am Meer« von Caspar David Friedrich. Hoffnungslos düster in den Farben, schwarz in der Tiefe – und nichts, was den Landschaftsraum begrenzte. Nur ein Mensch, klein, verloren, ebenso schwarz gekleidet, schaute auf die Wasserwüste. Mir schien das 1810 gemalte Bild sehr nachgedunkelt. So finster konnten weder Himmel noch Meer sein, so unheimlich und abweisend war die Landschaft an der See nie! Und nun spürte ich: Der Meister hatte damals genau beobachtet. Jetzt raste hier das gleiche Meer unter dem gleichen Himmel in den gleichen Farben an den Darßer Weststrand.

Neben dem Tosen der Brandung und dem hohen Pfeifen in den Kiefernästen drangen plötzlich menschliche Wortfetzen an mein Ohr, deren Verursacher nicht weit entfernt sein konnten. Erstaunt drehte ich mich um. Tatsächlich kamen auf einem Weg bunt, aber sturmfest gekleidet Wanderer aus dem Wald. Eindeutig erkennbar, in grüner Montur, ging ein Führer voran. Wir nickten einander nur zu, denn der Orkan riss einem jedes Wort ohnehin vom Munde ab. Die Gruppe ging zügig an den Fuß der Torfbrücke.

Was der Führer dort erklärte, zeigten die Handbewegungen ganz deutlich: Er beschrieb detailliert die Wellenabfolge. Sie

war also allgemein bekannt und für Wetterlagen wie die heutige nicht ungewöhnlich.

Unglaublich, die Wanderer, welche ohne Stiefel unterwegs waren, zogen ihre Schuhe aus, krempelten die Hosenbeine hoch, und auf ein Zeichen stürzten alle los. Jetzt drang doch lautes Lachen herüber, als in großer Eile jeder seinen Weg, möglichst frei von Wasser, Treibholz und schwankenden Torfsoden, suchte. Der Plan und ebenso der Zeitpunkt loszustürmen waren perfekt! Alle erreichten trocken die andere Seite, als in ihrem Rücken längst wieder Wassermassen ins Hinterland strömten. Nicht nur in dieser Situation hatte die Gruppe Glück. Sie sah, fachlich angeleitet, einen Weststrand, wie ihn nur ganz wenige Menschen bisher erlebt hatten.

Mein Weg führte weiter nach Norden und wurde bald leichter. Sogar etwas begehbarer Strand war noch vorhanden. Der Sand lag fest. Unmittelbar vor dem Kliff war viel Treibgut angeschwemmt. Ob dazwischen Bernstein lag?

Aber hier prallte der Wind besonders heftig an die Steilkante, wirbelte so viel Treibsand auf, dass die Suche nach dem Gold des Meeres fast unmöglich wurde. Auch war es schon spät.

Viel zu früh setzte an diesem ohnehin lichtarmen Januartag die Dämmerung ein, als der Leuchtturm endlich in der Ferne auftauchte. Dort stand er seit 160 Jahren in den Dünen, wie eine Festung gegen das Meer. Trotzig schien sein Licht über dem Sturm zu stehen.

Wie vielen Schiffen war er Orientierungs- und Warnpunkt, die weiträumigen Untiefen am Darßer Ort zu umfahren. Wie vielen Havaristen war er Hoffnungszeichen in greifbarer Nähe. Wie viel Unglück hatte das Licht in Sturmnächten erhellt …

Mit gleichförmiger Ruhe und unbeirrbarer Gelassenheit drehte sich das Leuchtfeuer und warf sein weit tragendes Licht beruhigend in die schwarze Unendlichkeit.

Der Strand vor dem Leuchtturm Darßer Ort war vor 200 Jahren Anlandungsküste. Jetzt trägt das Meer hier die Dünen wieder in rasanter Geschwindigkeit ab.

Insel Heuwiese

Der Winter auf Rügen schien wieder einmal keiner gewesen zu sein. Zwar gab es im Binnenland gelegentlich etwas Frost, aber an der Küste fielen die Temperaturen nur ganz selten unter den Gefrierpunkt. Das Ostseewasser verzögerte jede Abkühlung und so verwunderte es nicht, wenn die Deiche der Insel Ummanz nur selten weiß vom nächtlichen Raureif waren.

Dem fast schon warm zu nennenden Januar folgte noch milder der Februar. Im März hätte nun eigentlich der Frühling beginnen müssen. Aber so richtig überzeugend kam er bis Mitte des Monats nicht voran. Die Nächte waren vergleichsweise kalt und auch tagsüber erwärmte die schon deutlich höher stehende Sonne das Land nur sehr mäßig. Jetzt verhinderte wiederum das kalte Wasser des Meeres und der Bodden einen spürbaren Temperaturanstieg über den gewässernahen Landstrichen.

Die Ummanzer Einwohner waren skeptisch, geradezu vorsichtig. Die Alten prophezeiten mit vielsagender Miene sogar einen Spätwintereinbruch.

Im Seevogelschutzgebiet »Insel Heuwiese« mitten im Kubitzer Bodden jedoch schien der Frühling längst Einzug gehalten zu haben. Die kürzeste Entfernung zur Südspitze Fresenort auf Ummanz betrug zwei Kilometer. Bis in den Ort, der nur aus vier Häusern hinter dem Deich bestand, drang trotz der Ferne eigenartiges »Quorren« und »Orken«. Auch westlich der Insel, bis zur Fahrrinne im Strelasund, wo die Schiffe von Stralsund nach Hiddensee täglich entlang fuhren, waren die eigenartigen Laute zu vernehmen.

Die Kormorane auf der Insel balzten laut. Über 1000 waren es. Sie zogen ihren Nutzen aus der Großwetterlage. Die meisten von ihnen waren gar nicht auf den Zug in die frostfreien Gebiete Süd- und Westeuropas abgeflogen. Warum auch? Hätten Eis und bitterer Frost ihnen den Zugang zum Wasser erschwert, wären sie dem Winter ausgewichen.

Aber die flachen Boddengewässer um Rügen, erst recht die für sie wohltemperierte Ostsee blieben eisfrei. Das war der wesentliche Grund für die Kormorane, ihre Nahrungsgebiete gar nicht erst zu verlassen. Überall am Grund standen gut erreichbar Barsche und Plötzen, die ihre Hauptnahrung bildeten. Unstet waren die meisten der schwarzen Vögel in den vergangenen Monaten nur kurze Strecken an der Küste entlang gezogen, immer auf der Suche nach günstigen Fanggründen. Nur wenige hatten den gesamten Winter auf der Heuwiese verbracht.

Aber schon Anfang März übernachteten mehr und mehr Kormorane auf der Insel. Die Brutvögel begannen bereits, ihre alten Nester, die einfach auf dem kahlen Torfboden der Insel errichtet waren, wieder herzurichten. Hier und da waren sie durch gelegentliche Stürme und hohe Wasserstände etwas zerzaust worden, obwohl sie dicht beieinander, auf jedem Quadratmeter ein Nest, in der Kolonie geschützt standen. Seit 1992 gab es die Ansiedlung.

Die vitalsten Kormorane hatten längst die höchsten Nester besetzt. Jetzt erinnerte nichts mehr an die schlanken schwarzen Vögel, die in den vergangenen Monaten auf einer Sandbank

Wo ausreichend Nahrung vorhanden ist, der Baumbestand aber fehlt, gründen Kormorane ihre Ansiedlungen auch auf dem Boden. An der deutschen Ostseeküste beherbergt nur die Insel Heuwiese eine Bodenbrüterkolonie.

gesessen oder mit ausgebreiteten Flügeln auf Pfählen ihre Gefieder getrocknet hatten.

Das Prachtkleid der Vögel war schon Ende Februar voll ausgebildet. Die aus dem schwarzen Kopf- und Halsgefieder herausgewachsenen weißen Federchen bildeten den auffallendsten Schmuck in der Balzzeit. So wirkte das ansonsten straff anliegende Gefieder eigenartig flaumig. Auch aus den Oberschenkelseiten wuchsen lange, strähnige Federn, die als runder, weißer Fleck aus dem gleichförmigen Schwarz der Unterseite hervorstachen. Das Rückengefieder schimmerte wie schuppig metallische Bronze in den Frühlingshimmel. Erst recht fielen die nackten Hautstellen um Auge und Schnabelbasis, die sonst unscheinbar graugelblich waren, auf. Sie leuchteten jetzt zitronengelb bis rötlich-orange. Aus der ganzen bunten Farbenfrische des Kormorangesichtes stachen als beeindruckende Mittelpunkte, von Hellblau umgeben, die smaragdgrünen Augen hervor. Alle Farben schienen zu leuchten.

Doch das reichte den sich präsentierenden Männchen auf den Nestern offenbar nicht. Die sonst so schlanken Fischjäger saßen breit auf den ausgewählten Plätzen, reckten Kopf und Schwanz steil nach oben und bewegten ruckartig die Flügel nach vorne. Bei dem steifen, schematischen Auf und Ab der Flügeldecken wurde der weiße Seitenfleck mal verdeckt, mal präsentiert. Die Männchen flaggten, was eigentlich wie ein Blinken aussah und die Weibchen anlocken sollte. Die kamen auch interessiert zu den Nestern, genauso wie Rivalen, die lediglich den Brutplatz streitig machen wollten.

Aber bei den Kormoranen gibt es keinen sichtbar ausgeprägten Geschlechtsunterschied. So kann nur das Verhalten des sich annähernden Weibchens dem flaggenden Nestbesitzer anzeigen, dass es sich um eine mögliche Partnerin handelt.

Ganz schlank und geduckt, mit abgewandtem Schnabel, kam ein weiblicher Vogel auf ein Männchen zu, während dieses den Kopf zitternd, mit knarrenden Lauten betont auf den Rücken warf und plötzlich auf dem eben noch demonstrativ breit ausgefüllten Nest an den Rand rutschte. Das Weibchen sprang ohne zu zögern auf.

Sofort schlug die Stimmung um. Beide saßen Seite an Seite und rieben die langgestreckten Hälse aufrecht aneinander. Nur ganz kurz unterbrachen sie das schlangenartige »Schmusen«, um blitzschnell mit den Schnäbeln ein Scheingefecht auszuführen. Schon lag das Weibchen ganz flach ausgestreckt in der Nestmulde, während der Kormoran-Mann alle Federn abspreizte, wodurch er doppelt so groß wie die schlanke Partnerin wirkte. Nun begann er mit seinen großen Schwimmfüßen mehrfach über sie hinweg zu springen, was nach menschlichem Empfinden etwas Koboldartiges, Patschiges an sich hatte. Wie wandelbar dieser schlanke Fischjäger doch sein konnte. Endlich kam es zur Paarung, womit gleichzeitig die feste Bindung für ihre Saisonehe vollzogen war.

In allen der viele hundert Nester umfassenden Kolonie fanden sich schnell die Paare und bauten, jedes für sich, den gemeinsamen Platz weiter aus.

Kurzerhand wurden die trockenen vorjährigen Stiele der Strandmelde, die noch im Boden steckten, herausgerissen oder mit dem scharfkantigen Schnabel abgebrochen und fliegend zum Nest gebracht. Aber das genügte nicht. Teilweise schleppten die Vögel deshalb auch Äste oder alte Pflanzenteile aus dem Treibgut am Strand heran oder stahlen das Material kurzerhand vom Nachbarn. Ständig saß jetzt ein Partner auf dem zukünftigen Brutplatz, einerseits, um ihn besetzt zu halten, andererseits, um nicht selbst bestohlen zu werden, denn die nächsten Nester standen nach allen Seiten hin kaum 50 Zentimeter entfernt.

Jedes neue Stück Baumaterial wurde demonstrativ gurgelnd über dem Halsansatz des Partners abgelegt oder gleich gemeinsam im Nestrand verankert, woraus sich häufig wieder Halsreiben, Hopsen und Paarung ergaben.

Abschließend polsterten die Tiere die Mulde mit altem, vertrocknetem Seegras vom Strand oder mit gelben Grasbüscheln von der Insel aus. Ganz begehrt schienen weiße Schwanenfedern zu sein, die die Kormorane bevorzugt ganz oben, gut sichtbar verbauten.

Schon Mitte März, zwei bis drei Wochen vor dem eigentlichen Legebeginn, war das erste Ei der Saison zu finden. Auffallend klein, matt lichtblau, mit einem eigenartig kreidigen Überzug, der aber die schöne Grundfarbe nicht überall verdeckte, lag es im höchsten Nest. In den Tagen darauf begannen auch andere Weibchen mit der Eiablage, was sicherlich im milden Winter seine Ursache hatte, der alle Tiere befähigte, so frühzeitig mit dem Brutgeschäft zu beginnen.

Das Osterfest lag kalendarisch sehr früh in diesem Jahr. Aber jetzt kam das von den Ummanzern vorausgeahnte Wetter. Der Wind, welcher lange Zeit feuchtwarme Luft von Südwesten an die Ostsee geweht hatte, schlug um, vermischte sich mit arktischer Kaltluft, um von Nordwest zuerst mit Regen, dann mit Schneeregen und Graupel zurückzukommen. Nachts riss sogar, als der schneidend scharfe Wind auf Nord drehte, die Wolkendecke auf, worauf die Temperatur rasant weit unter den Gefrierpunkt sank. Nun jagten die ersten Schneeschauer über das gefrorene Eiland.

Mit Nässe konnten die Kormorane umgehen, fand doch der wichtigste Teil ihres Lebens, die Nahrungssuche, im Wasser statt.

Aber das frostige Wetter auf der weißen Insel schien alle Frühlingsaktivitäten vorläufig radikal zu beenden. Nur die Kormoranpaare, welche bereits Eier besaßen, verbrachten die Nacht schützend auf ihrem Gelege. Alle anderen, die sonst – im Morgengrauen vom Schlafplatz auf der Sandbank kommend – laut okernd und kollernd in die Kolonie stürmten, erschienen nur sehr zögernd und völlig lautlos. Sie landeten zwar auf dem auserwählten Platz, aber angesichts der verschneiten Nestmulde nach der frostigen Nacht kam keine Balzstimmung auf.

Schon der Anblick, wie sie mit ihren nackten, Schwimmhaut bespannten Füßen im Morgengrauen durch den Schnee liefen, konnte einen frösteln lassen. Erst nach Stunden, als die Luft deutlich erwärmt über den Gefrierpunkt anstieg, ja gelegentlich sogar die Sonne auf die weiße Landschaft schien und der Wind den Schnee wegleckte, herrschte in der Kolonie wieder das gewohnte Bild – die Kormorane schleppten neues Nistmaterial heran, flaggten, begrüßten, paarten sich oder stahlen beim Nachbarn. Wann ein Weibchen ihr Ei ganz still in die Nestmulde legte, war in dem Getümmel nie feststellbar.

Unübersehbar hingegen gestalteten sich die Kämpfe um Nest oder Partner. Wie wild und mit unvorstellbarer Geschwindigkeit bissen die Kontrahenten nach dem Kopf des Gegners. Was der scharfe Hackenschnabel im Gesicht zu fassen bekam, wurde festgehalten. Ganze Knäule aus schwarzen Federleibern, vom warnenden »Orken« aller Nachbarn begleitet, wirbelten durch die Kolonie. Kurzzeitig entstand allgemeine Aufregung.

Irgendwann, nach Minuten verbissenen Kampfes, ließen die Gegner voneinander ab. Nicht selten zeigten Kratzer und Blutspuren im weißen Prachtgefieder eines Kopfes, wie sehr die Tiere sich verletzen konnten.

Nur die kurzen, immer wiederkehrenden Schneeschauer beendeten jede Aktivität. Sie kamen als bedrohlich dunkle Wand zwischen den sonnigen Lücken über den Bodden gezogen. Aber erst, wenn der Wind böig auffrischte und die ersten Flo-

Wo Fisch vorhanden ist, leben Kormorane, ebenso auch Seeadler. Der Bestand beider Arten ist in den letzten Jahrzehnten durch Schutzbemühungen und gute Lebensbedingungen stark angestiegen. Gern halten sich die großen Beutegreifer in Vogelkolonien auf, wo es immer etwas zu fressen gibt, seien es nun Eier, Küken oder alte Kormorane. Rasante Jagden, die für den Einzelnen lebensgefährlich erscheinen, dienen aber überwiegend dem Ziel, Stress unter den Tieren zu verbreiten, um letztendlich hervorgewürgten Fisch zu erbeuten.

cken fielen, landeten die letzten Kormorane. Alle stellten sich gegen den Wind oder lagen schützend über ihren Eiern. Jeder verbarg seinen Kopf im Gefieder. Nun mussten die Vögel ausharren. Wie schwarze Steine auf einem verschneiten Feld wirkten sie hinter dem Vorhang aus treibendem Schnee. Nur gelegentlich bewegte sich ein Tier, um die schneidenden Windböen auszugleichen.

Kurz, aber kräftig tobte sich der Winter aus, als müsste er alles nachholen, was in den Monaten zuvor versäumt worden war. Doch schon bald zeigten die ersten hellen Streifen hinter der Schauerwand das Ende der Strapazen an. Schlagartig verschwand der Wind, die letzten Flocken tanzten zu Boden und sofort erschienen die ersten Kormoranköpfe aus dem schützenden Gefieder. Zuerst schüttelten alle ihr Federkleid, um sogleich den Dingen, die ihnen wichtig waren, nachzugehen.

Die abziehende Schneefront war noch nicht weit entfernt, da herrschte auf der Heuwiese schon wieder Normalität. Aber nicht lange! Plötzlich wurden alle Hälse lang, schauten alle Köpfe in die gleiche Richtung. Steil aufrecht, in jedem Sekundenbruchteil fluchtbereit standen 1000 Kormorane da. Der Seeadler kam!

Zwar landete oft einer dieser Beutegreifer auf der südlichen oder der östlichen Sandbank, aber das störte die Kormorane kaum. Auf Ummanz und Rügen lebten die nächsten Brutpaare, die der Insel gelegentlich einen Besuch abstatteten. Auch blieben im Winterhalbjahr gerne mehrere junge Seeadler tagsüber auf der Heuwiese, saßen mal hier, mal dort.

Die Kormorane beobachteten genau, wenn einer der großen Greifvögel die Schwingen lüftete und abflog. Aber sie erkannten sogleich an der Flugweise, ob ihr Feind etwas im Schilde führte oder lediglich einen übersichtlicheren Sitzplatz suchte.

Was jetzt kommen sollte, war jedoch kein harmloser Vorbeiflug. Das zeigte die fluchtbereite Haltung ganz deutlich. Der heranstreichende Jungadler zielte mit hoher Geschwindigkeit mitten in die Kolonie! Schlagartig stürzten alle Kormorane los. So viel Platz, wie jetzt jeder für seine ausgebreiteten Flügel gebraucht hätte, gab es nicht. Senkrecht konnten die Tiere auch nicht starten.

Eine schwarze Wolke hastete in den freien Luftraum, Schwingen schlugen gegeneinander, jeder behinderte jeden. Tiere, die ungünstig saßen, wurden überrannt, kamen verzögert zum Auffliegen, Eier rollten aus den Nestern – und mitten hinein stieß mit unglaublicher Schärfe der Seeadler. Schon war er an einem der Benachteiligten und packte zu.

Kormorane sind schnelle Fischjäger, deren Schnäbel sich vorzüglich zum Halten der schlüpfrigen Beute eignen. Messerscharf sind die Schnabelränder, kräftig ist die hakige Spitze. Die schwarzen Gesellen mit ihren langen und wendigen Hälsen können sehr wehrhaft sein, was der Seeadler zu wissen schien. An der Schwanzwurzel hatte er seine Beute vorsichtshalber gepackt, schleifte sie, das Bein weit von sich gestreckt, über die sperrigen Nester bis zur Freifläche neben der Ansiedlung. Sein Opfer ruderte hilflos mit den Flügeln, versuchte sich umzudrehen, um mit dem Schnabel nach dem Überlegenen zu hacken. Aber es gelang ihm nicht.

Kaum war der Platz hinter den letzten Nestern erreicht, landete der Seeadler. Würde er jetzt mit dem zweiten Fang zupacken, wäre das der sichere Tod für den Kormoran, der noch vor wenigen Augenblicken liebestoll auf seinem Nest gebalzt oder möglicherweise schon gebrütet hatte.

Aber der Angreifer ließ überraschenderweise seine Beute los! Benommen schwankend, mit bedrohlich aufgerissenem Schnabel stand der Kormoran nun ummittelbar vor dem un-

gleichen Gegner. Nur tat der nichts! Zwar ganz aufmerksam, aber ohne jeden Anflug von Jagdfieber stand er da. Allmählich schien der Kormoran wieder alle Sinne beieinander zu haben. Unbeholfen watschelnd vergrößerte er immer schneller werdend den Abstand. Der Adler schaute nur zu! Ein, zwei, drei Meter war die sichere Beute bereits entfernt, bei der der Stress sich nun offensichtlich entladen musste. Den Schnabel nach unten, mit geweitetem Kehlsack, erbrach der Kormoran seinen ganzen Tagesfang. Erleichtert lüftete er sofort die Flügel, lief wenige Schritte, um mit Anlauf abzufliegen. Gerettet!

Der Adler schaute nur hinterher. Für ihn schien das Geschehen normal zu sein. Erst jetzt bewegte er sich gemächlich, einen Fuß vor den anderen setzend, zu dem dampfenden Haufen. Da stand er nun, der König der Lüfte, der Herrscher des Himmels, für würdig befundener Wappenvogel vieler Länder und Adelsgeschlechter, voller angedichteter Superlative. Er beugte sich über den unansehnlich grauen Haufen verdauten, körperwarmen Fisch und schlabberte ihn auf ...

Ein Kormoran sieht unglaublich vielgestaltig aus. Unter Wasser ist er ein schlankes Torpedo von hoher Geschwindigkeit, dem kaum Beute entkommt. Trotzdem bewegt er sich an Land nicht auffallend ungeschickt wie andere Fischjäger. In der Balzzeit beeindrucken der farbige Kopf und die eigenartigen Körperhaltungen. Und manchmal sieht der Komoran einfach nur witzig aus.

Brandseeschwalben auf dem Kirr

Ob Brüten langweilig ist, mag man nicht so ohne weiteres entscheiden. Der Bruttrieb zwingt den Vogel auf sein Gelege – und möglicherweise fühlt er sich wohl, weil er dem Trieb folgen kann. Doch Vögel sind hochaktive Lebewesen, da muss es zumindest anstrengend sein, stundenlang still über den Eiern zu liegen.

Ein bisschen langweilig wird das Brutgeschäft aber sicherlich auch sein, denn für den brütenden Hänfling im Wacholder neben der Terrasse, dessen einzige Abwechslung die vorbeilaufende Hauskatze ist, bis zum großen Seeadler, der jedem herabfallenden Dürrast vom Horst aus hinterherschaut, passiert in der Nestumgebung eigentlich so gut wie nichts.

Nur die Brandseeschwalben auf dem Kirr schienen eine Ausnahme zu bilden, wie überhaupt die Brutzeit der Ausnahmezustand in ihrem Jahresverlauf ist. Eigentlich verbringen sie die meiste Zeit ihres Lebens damit, immer weiterzuziehen. Den ganzen Hochsommer über, wenn die Jungen fähig sind, ihren Eltern im Strandbereich zu folgen, sind sie »auf den Flügeln«, bewegen sich an der südlichen Ostseeküste hin und her.

Ab September richtet sich ihr Flug zur Nordsee, um dann immer weiter, dem Küstenverlauf des Atlantiks nach Süden folgend, teilweise bis Südwestafrika zu reichen. Hier kommen sie im Dezember an. Neben dem Sommer auf der Südhalbkugel ist für die Brandseeschwalben der Benguelastrom wichtig, der nährstoffreiches Tiefseewasser heranbringt, das vor der afrikanischen Kontinentalplatte an die Oberfläche strömt. So finden die Vögel in den Aufquellgebieten an der westafrikanischen Küste reichlich Kleinfisch. Aber nach kaum zwei Monaten beginnt bereits der Heimzug nach Norden auf dem gleichen Weg. Wenn die Brandseeschwalben im April die Ostsee erreichen, haben sie in den zurückliegenden sieben Monaten über 40 000 Kilometer bewältigt.

Und da stand die erste kleine Gruppe auf dem Windwatt Bock. Zwar deutlich kleiner als eine Lachmöwe, waren sie mit ihrer silberweißen Ober- und der schneeweißen Unterseite nicht zu übersehen. Einen deutlichen Kontrast bildete die schwarze Kopfkappe, in der das ebenso schwarze Auge kaum zu erkennen war. Nur wenn die Aprilsonne in einem bestimmten Winkel auf die Seeschwalben schien, reflektierten die glänzenden Augen das helle Licht. Auffallend winzig wirkten die dunklen Füße, dafür überragten die Flügel den Schwanz erheblich. So sehen Vögel aus, die kaum auf dem Erdboden stehen, aber auf ihren Schwingen jährlich von der Nord- bis zur Südhalbkugel unterwegs sind.

Die Seeschwalben hatten ihre Köpfe eingezogen und streckten die schwarzen Schnäbel mit der gelben Spitze dem scharfen Aprilwind entgegen, als wollten sie ihn aufspießen. Von den verlängerten Schopffedern ahnte man nichts. Waagerecht, das Gefieder eng angelegt, standen sie mit ihren kleinen Füßchen auf dem flachen Sand. Zwischen ihnen war nur so viel Abstand, dass jede problemlos auffliegen konnte. Eine Seeschwalbe glich der anderen völlig. Schnittig, aber kompakt wirkten sie, verbissen im Aussehen wie Düsenjäger auf der Rollbahn, nur eben weit schöner.

Wie von einer fernen Tundra wirkt das Luftbild der Insel Kirr im Barther Bodden. Ganz deutlich zeichnen sich die schneeweißen Vogelkolonien an der Uferkante ab.

Viel Zeit blieb nicht mehr, schon wenige Tage nach der Ankunft überflogen die Vögel ihre traditionellen Brutplätze auf den Inseln Oie und Kirr. Ganz besonders orientierten sie sich an den Lachmöwen, die bereits an verschiedenen Plätzen mit dem Nestbau begonnen hatten. Ihre Nähe bedeutete Schutz für die eigene neue Koloniegründung. Aber nach welchen Kriterien sich die Tiere letztendlich für einen Brutplatz entschieden, blieb nicht nachvollziehbar. Einmal war Kirr, dann wieder Oie ihr Brutplatz. Sicher schien nur: Die Brandseeschwalbe ist eine unstete Vogelart.

Der beste Beobachtungsplatz, um Seeschwalben auf dem Kirr zu sehen, ist für die Besucher im Nationalpark der Aussichtspunkt am Ortseingang von Zingst. Gleich gegenüber, nur durch den Koppelstrom getrennt, kann sie jeder mit dem dort stehenden Fernrohr beobachten.

Aber selbst mit dem bloßen Auge war die weiße Wolke aus Vögeln in diesen Maitagen gut zu erkennen und auch zu hören, besonders dann, wenn sie in den blauen Himmel stieg. Hunderte von Seeschwalben stoben, mit ebenso vielen Lachmöwen vergesellschaftet, los, um sogleich wieder bei ihren Nestern zu landen – rastlose Vögel. Während die Lachmöwen noch ordentliche Nester gebaut hatten, schien den Brandseeschwalben hierfür die Zeit zu fehlen. Einige legten ihre ein bis zwei olivfarbigen Eier mit den dunklen Flecken noch in angedeutete Mulden zwischen Grasbüscheln. Andere hingegen nutzten für ihr Gelege einfach die kahle Erde, die von den vielen anwesenden Vögeln völlig verkotet war. Lediglich einzelne Halme umrahmten derartige »Nestanlagen«.

Eine geringe Eizahl deutet auf wenige Feinde hin. Ruhig und entspannt brüten die Tiere trotzdem nicht.

Lange musste kein Besucher warten, da waren sie schon wieder in der Luft, aber ebenso schnell saßen sie auch wieder zwischen den Grasbüscheln. Die Vögel konnten anscheinend nicht in Ruhe brüten. Manchmal gab es einen offensichtlichen Grund, die Eier zu verlassen … wenn wirklich Gefahr drohte. Die vorbeifliegende Nebelkrähe mit einem Uferschnepfenei im Schnabel oder der im Flachwasser entlangziehende Fischotter waren Anlass, gemeinsam über dem Feind zu fliegen und die angreifenden Lachmöwen zu unterstützen. Die deutlich größeren, robusteren Möwen attackierten auftauchende Feinde direkt und vehement, unterstützt durch die lärmenden und Scheinangriffe fliegenden Brandseeschwalben.

In die Kolonie traute sich so ohne weiteres kein Beutegreifer. Zu geballt wäre für ihn die Wolke der hassenden Vögel, aus der auch einzelne Angriffe erfolgen würden. Luftfeinde hätten zudem kaum Platz zum Fortfliegen gefunden. Nur der Fuchs konnte in völliger Dunkelheit hier Beute machen. Aber auf einer Seevogelinsel gab es für ihn genug andere Möglichkeiten der stressfreien Nahrungsbeschaffung. So bot die Kolonie den besten Schutz, von dem die beiden gemeinsam brütenden Arten profitierten.

Gerade landeten alle Vögel fast gleichzeitig am Boden – soweit der Luftraum über den Gelegen überhaupt Platz bot. Zwischen den brütenden Seeschwalben bestand vom Nest aus gerade einmal Hackabstand. Da war es schon ein Spießrutenlaufen, wenn ein Brutpartner versuchte zu Fuß sein Domizil zu erreichen. Nur beim gleichzeitigen Landen trippelte jeder mit geschwind hintereinander vorgetragenen »kirü-kirü« erregt zu seinem Nest. Schnell wurde es ruhig und schon schauten, überall verteilt, lediglich schwarze Kopflatten auf silbrigen Rücken aus dem Gras. Je länger es in der Kolonie leise blieb, desto mehr

An der deutschen Ostseeküste brüten jährlich 600 bis 1000 Paare der Brandseeschwalbe. Fast der gesamte Bestand lebt auf den Seevogelinseln im Nationalpark.

schien die Anspannung wieder zu steigen. Ganz besonders verdächtig war die absolute Stille. Jetzt fehlte nur noch ein winziger Anlass – vielleicht ein Austernfischer, der kilometerweit entfernt seinen Rivalen vertrieb, oder Fische beim Paarungsspiel im Koppelstrom, die ihre Rückenflosse über der Wasseroberfläche zeigten: Schon explodierte die weiße Wolke aus Vogelleibern, wohl nur, um in den nächsten 15 Sekunden wieder im Gras zu verschwinden und ohne Umstände weiter zu brüten.

Bewegungslose Ruhe über längere Zeit bedeutete für die Brandseeschwalben offenbar eine große Anstrengung. Erst als sich der Nachwuchs einstellte, schien sich die Situation in der Kolonie zu entspannen. In erstaunlicher Gleichmäßigkeit schlüpfte nach 23 Tagen bei allen Paaren ein Junges nach dem anderen. Überall lagen kleine Eierschalen herum, überall krabbelten die kleinen Daunenknäule, die nur einige Tage unter den abwechselnd hudernden Altvögeln ausharrten. Sie konnten nicht als echte Nestflüchter gelten, da sie keineswegs wie Entenküken ihren Schlupfplatz sofort und endgültig verließen. Nesthocker stellten sie ebenfalls nicht dar, weil sie viel weiter als diese entwickelt waren und den Wärmeschutz der Eltern nicht ständig benötigten.

Die kleinen Brandseeschwalben verhielten sich wie Platzhocker, die vermischt mit den Küken der Nachbarn unter Grasbüscheln Schutz suchten. Hier waren sie für Feinde aus der Luft nicht zu sehen, konnte sie die Junisonne nicht austrocknen, machte leichter Regen ihnen nichts aus. So war es im Brandseeschwalbenkindergarten nichts Außergewöhnliches, dass unter den inzwischen hoch gewachsenen Grasbülten überall verteilt dutzende kleine Seeschwalben auf ihre Eltern warteten. Allein der nach allen Seiten weggespritzte weiße Kot verriet das rege Leben hinter den schützenden Halmen, bei denen nur wenige Altvögel Wache hielten.

Alle anderen schleppten unermüdlich kleine Fische heran, die sie aber ausschließlich nur an ihre eigenen Jungen verfütterten. Trotz des ewigen Gekreisches der Lachmöwen, trotz der ständigen Unruhe unter den Artgenossen hatten die brütenden Altvögel schon vor dem Schlupf Stimmfühlung mit ihren Küken aufgenommen. Diese wiederum, obwohl sie noch im Ei steckten, prägten sich die Stimmen ihrer Eltern genau ein. Für Menschen waren diese Laute nicht zu unterscheiden. Die Seeschwalben hingegen konnten sie aus den Rufen hunderter Artgenossen problemlos heraushören. Ja, selbst im großen Gelärm der Kolonie waren sie in der Lage, einander zu finden. Näherte sich ein Altvogel mit Beute, so stieß er schon von weitem seinen »Fischruf«, ein hartes »Krerik«, aus. Schon kam piepsend und bettelnd der Jungvogel hervor und nahm den Fisch ab. Kaum war er verschlungen, startete die unruhige elterliche Seeschwalbe erneut, um weiterzujagen. Verlangte jedoch bei schlechtem Wetter das eigene Küken erbärmlich piepsend nach Wärme, hockte sich der Altvogel hin, stellte etwas die Flügel ab, damit der Kleine unterschlüpfen konnte.

So wuchsen die jungen Brandseeschwalben heran. Längst war das tarnfarbene Dunenkleid, das auf der Oberseite so eigenartig stachlig aussah, in ihr erstes Jugendkleid vermausert, wurden die Jungen aktiver. Nun wanderten sie bis an die Boddenkante.

Die große Wasserfläche übte eine magische Anziehungskraft auf sie aus. Noch nie hatten sie in ihrem Leben baden können, denn die Prielrinnen in Nähe der Brutkolonie waren in den Wochen ihres kurzen Lebens frühzeitig trocken gefallen. Und dort, wo noch ausreichend Feuchtigkeit im Grund vorhanden war, befand sich so dichtes Schilf, dass offenes Wasser für die Küken unerreichbar blieb.

So standen bald die ersten Brandseeschwalbenjungen an der kleinen Abbruchkante der Insel, die zwar nur 30 Zentimeter hoch war, doch für die Halbwüchsigen eine beachtliche Steilwand darstellte. Aber die Wellen plätscherten so verlockend und klar, dass die kleine Gruppe von acht Tieren an verschiedenen Stellen einen Weg suchte, um zu Fuß nach unten zu gelangen. Ihre halb ausgebildeten Schwingen konnten die Kleinen im Höchstfalle nutzen, um einen Aufprall abzufangen oder das Gleichgewicht zu halten, aber zum Fliegen waren sie noch völlig ungeeignet.

Gelegentlich kam ein Altvogel, der sich schon von weitem mit wiederholtem Fischruf ankündigte. Durchdringend meldete sich sofort das zur Familie gehörige Junge. Zwar bettelten auch die Umstehenden, aber ohne jeden Nachdruck. Die alte Seeschwalbe landete gar nicht. Sie überreichte blitzschnell ihr Fischchen, drehte sogleich ab, um wieder zur freien Ostsee zu fliegen.

Das Wetter an diesem Vormittag war windig gewesen, so dass die unruhige Wasseroberfläche den Fischfang stark erschwerte. Viel hatte die Seeschwalbe deshalb nicht verfüttern können. Aber nun, in der Mittagszeit, erschien die Situation optimal. Zwar zogen weit entfernt bedrohlich aussehende Wolken über der Meiningenbrücke heran, aber das bedeutete im Moment Windstille. Und als ahnten die erfahrenen Seeschwalben, was bevorstand, schleppten sie unermüdlich Futter, meist fingerlange Tobiasfische, zu ihren Jungen.

Der Fang wurde zwar begierig abgenommen, doch kaum war die kleine Gruppe der Jungvögel allein, suchte sie ahnungslos weiter nach einem geeigneten Abstieg. Fast überall war die Torfkante steil, gelegentlich sogar senkrecht, so dass nur ein Herunterspringen möglich gewesen wäre. Endlich entdeckten die kleinen Seeschwalben eine tief in die Insel geschnittene Kerbe. Sie sah ganz flach aus, hatte sogar einen schlickigen Grund, auf dem zusammengetrieben die Schalen abgestorbener Mu-

scheln und Pflanzenteile lagen. Erst etwas weiter begann das Wasser an diesem Ministrand. Die ideale Stelle war gefunden. Nacheinander tippelten die Halbwüchsigen die Schräge herunter und balancierten dabei mit den schweren Flügelstummeln.

Endlich unten angekommen, ertasteten sie mit dem Schnabel das Wasser, tranken und gingen zügig weiter, bis sie schwimmen konnten. Einige versuchten gleich zu baden. Egal, was sie taten, ob schwimmen, baden oder trinken, alles sah noch sehr ungeschickt aus. Besonders das Schlagen mit den Fügelchen wirkte erheiternd unbeholfen. Aber die jungen Brandseeschwalben hatten ihren Spielplatz gefunden. Schon schwamm ein Küken weit weg vom Ufer. Trotzdem wühlte es mit den kleinen Beinchen bei jedem Flossenschlag schwarzen Schlamm auf, so flach war das Wasser. Sofort mussten die anderen folgen, bis die ganze Gruppe im Koppelstrom paddelte. Die Kleinen ermüdeten jedoch schnell. Das Gefieder der Unterseite war, überall noch von Dunen durchsetzt, nicht ausreichend wasserabweisend. Zudem konnte es auch noch nicht so perfekt eingefettet und gepflegt sein wie bei den Altvögeln. So sah man den Küken schnell an, dass sie an Land wollten, ja mussten!

Denn genau in diesem Moment schlug das Wetter um. Die Regenfront erreichte den Bodden und urplötzlich kam Wind auf. Von einem Moment auf den nächsten war die Wasseroberfläche mit kräftigen Wellen überzogen. Instinktiv versuchte die kleine Schar, schneller das rettende Land zu erreichen. Aber sie wurden abgedrängt. Schräg drückte die stärker werdende Strömung die hilflosen Jungvögel an der Ausstiegsstelle vorbei. Sie ruderten unermüdlich, wurden vom Wasser überrollt, tauchten wieder auf und paddelten entschlossen weiter. In den Wellentälern erreichten die kleinen Füße gelegentlich Grund, aber was nutzte es, wenn die nächste, schlammige Woge die schwachen Küken wieder herumwarf.

Aber die Richtung des Windes schien Rettung zu bieten. Halb paddelnd, halb durch die Wellen geworfen, kamen alle kleinen Brandseeschwalben an die Insel heran. Hier schlugen allerdings die Wellen bereits kraftvoll klatschend gegen die Kliffkante, welche für die Küken haushoch war. Zur Ausstiegsstelle kamen sie nicht – gegen die Wellen gab es keine Chance. So ruderten sie verzweifelt gegen die Steilwand, in der Hoffnung, irgendwo Halt zu finden. Aber das aufgewühlte Wasser wirbelte sie immer wieder durcheinander. Bald schafften sie es nur noch geradeso, mit Kopf und Rücken aus den Wellen zu schauen. Kaum reichte die Zeit, um Luft zu holen, da überrollte sie bereits der nächste Brecher. Schon hob die kleinen Vögel ein neuer Wellenkamm bis auf die halbe Höhe der unüberwindlichen Wand, nur um sie anschließend einmal mehr meterweit fortzureißen.

In nur wenigen Augenblicken war aus dem ersten Bad eine lebensbedrohliche Situation geworden. 20 Meter trieben die Küken an der Kliffkante entlang, da tat sich endlich eine Prielrinne auf, die als tiefer Einschnitt weit in die Insel lief. Wie Treibgut schob das Wasser die Jungen dort hinein. Hier verebbten die Wellen, hier war es windgeschützt – und die Seeschwalben spürten wieder Boden unter den Füßen. Halb benommen taumelten sie durchnässt weiter, weg vom Wasser, in der Hoffnung, irgendwo nach oben zu kommen. Glücklicherweise hatten Rinder die Kante der Rinne, die sonst ebenso unüberwindlich wie das Außenkliff war, teilweise heruntergetrampelt. So kletterten die Küken hoch, bis sie das trockene Grasland erreichten. Oben griff der Sturm erneut ungehindert an, aber die Kleinen verschwanden sofort, völlig erschöpft, im Windschutz einer hohen Grasbülte. Dort fanden sie endlich Ruhe.

Für die halbwüchsigen, unterkühlten Jungen war der hereinbrechende Sturm lebensgefährlich. Nicht für die Altvögel. Sie meisterten ganz andere Windstärken an den Küsten des Atlantiks. Unbeeindruckt von den Wetterunbilden fischten sie weiter. Zwar beeinträchtigte die aufgewühlte See ihre Sichtmöglichkeiten, aber gelegentlich drückten die Wellen doch einen Kleinfisch bis an die Oberfläche. Nach geraumer Zeit kam einer der Altvögel mit Beute im Schnabel dorthin, wo er noch vor einer halben Stunde sein Jungtier gefüttert hatte. Nun antwortete es nicht. Zwei, drei, vier Runden mit deutlichem »Kerik« flog er über dem gesamten Koloniebereich, zog immer weitere Kreise. Keine Reaktion.

Schließlich landete er mit seinem Tobiasfisch im Schnabel an dem Platz, wo er zum letzten Mal seinen Nachwuchs versorgt hatte – ganz in der Nähe der durchnässten jungen Seeschwalben.

Verhalten bettelten sie den nahen Altvogel an. Aber dieser reagierte nicht, die entscheidende Stimme fehlte. Denn unter dem Gasbüschel waren nicht mehr acht, sondern nur noch sieben kleine Brandseeschwalben. Eine fehlte – für immer! Sie war ertrunken.

Die Wellen trieben den leblosen Vogelkörper schon hundert Meter entfernt an der Kirrkante entlang. Erst in der stillen Bucht gegenüber von Zingst wurde er zusammen mit altem Schilf, Holzstücken und anderem Treibgut endgültig angespült. Entweder würde ihn der Fuchs in der Nacht mitnehmen oder spätestens am nächsten Tag, wenn das Wetter sich beruhigt hatte, der Rote Milan finden und als Futter seinen Jungen zutragen.

Der Altvogel blieb unentschlossen. Unruhig rufend flog er weitere Runden, um letztendlich doch wieder am alten Platz zu landen. Etwas Zeit brauchte er schon, um die neue Situation zu erfassen. Erst als eine andere Brandseeschwalbe kam, die ohne Umstände ihr Jungtier unterm Gras fütterte, trippelte auch der vergeblich Suchende etwas verstört dorthin, um blitzschnell

den schon angetrockneten Fisch in irgendeinen aufgesperrten Schnabel zu übergeben. Sofort verschwand er wieder.

Der Sturm schob bedrohlich aussehende, dunkle Regenwolken heran. Auf dem Bodden tanzten die kurzen, steilen Wellen mit weißen Schaumkronen auf der Spitze, die wie Reißzähne aussahen, kreuz und quer. Die neuen, weichen Schilfhalme bogen sich bis auf den Boden und das ganze Grasland der Insel wogte in breiten Wellen. Aber die Regenschauer entluden sich glücklicherweise über der Ostsee und dem weiter entfernten Festland. Eine anhaltende Regennacht wäre für die durchnässten und entkräfteten Brandseeschwalben tödlich gewesen.

Sie überlebten und konnten jungerwachsen nach reichlich vier Wochen ihren Eltern an die Küste folgen, bis sie zwei Monate später die erste Reise ins Winterquartier antraten.

Unstet, immer von dem Trieb beherrscht, ständig weiter zu müssen, würden sie tausende Kilometer an der afrikanischen Atlantikküste auf und ab fliegen – und nach drei Jahren erstmals wieder im scharfen Aprilwind schnittig und verbissen auf der Rollbahn des Windwatts rasten, um selbst in dem ewigen Kreislauf von Kommen und Gehen in ihrer Kolonie auf dem Kirr zu brüten.

Neuland Bessin auf Hiddensee

Die Hitze flimmerte bereits tagelang über Hiddensee. Schon auf der Fahrt von Stralsund an der langgestreckten Insel vorbei war die Trockenheit augenfällig. Die offenen Heideflächen litten deutlich unter der gleissenden Sonne, da der sandige Untergrund kein Wasser halten konnte. Lediglich auf der kleinen Fährinsel, an der das Schiff dicht vorbeifuhr, schien der üppige Wacholderwald keine Probleme mit der Dürre zu haben. Unter den sattgrünen, bizarr verwachsenen Stämmen lagen hechelnd Schafe, die im tiefen Schatten Kühlung suchten. Jetzt konnten sie ihre lange Wolle nicht gebrauchen.

Und dabei war es gerade erst Anfang Juni. Auf dem Dornbusch von Hiddensee, der schon von weitem leuchtete, blühten noch verschwenderisch die Ginsterbüsche. Sie überfluteten die Hänge hinunter bis Kloster mit gelben Wellen.

Vom hoch gelegenen Inselblick aus bot sich Richtung Südost ein berauschendes Panorama in Hellgelb bis zu den Häusern von Grieben. Klein, weiß gestrichen und selbstverständlich mit tief gezogenem Rohrdach duckten sie sich in die Landschaft. Hinter ihnen schoben sich zwei Landzungen wie Finger weit nach Süden in den Vitter Bodden hinein.

Hier entstand Neuland, das aus abgelagerten Sanden erst vor wenigen Jahrhunderten vom Meer aufgespült wurde und fortlaufend die Insel Hiddensee vergrößerte.

Zwischen dem Alten Bessin, der im hohen Mittelalter entstand, und dem Neuen Bessin, welcher erst nach Ende der Barockzeit zu wachsen begann, dehnen sich schilfgesäumte Flachwasserbuchten aus. Dieses neu entstandene Land, dem wechselnden Diktat von Hoch- und Niedrigwasser, Überflutung genauso wie Austrocknung, Abtragung und Anlandung unterworfen, beherbergt seine eigene Tier- und Pflanzenwelt.

In der innersten Bucht des Alten Bessin, wo das ewige Kommen und Gehen des Wassers nicht mehr so deutlich spürbar ist, konnten Moore die tief liegenden Senken auffüllen. Eine ganz seltene Pflanzenart, die in Mecklenburg-Vorpommern nur hier vorkommt – der Igelschlauch aus der Familie der Froschlöffelgewächse –, fand hier ihren idealen Lebensraum. Sie braucht nähstoffarme, wechselfeuchte Überflutungsstandorte, die auch salzbeeinflusst sein können. Darüber hinaus darf das Klima keine großen Temperaturschwankungen aufweisen. 1962 hatte Professor Michael Succow die unauffällige Pflanze an diesem Platz entdeckt. Später galt sie jahrzehntelang als verschollen, bis 2002 ihre Wiederentdeckung in der kleinen Wiese gelang.

Die Rücken der beiden Landzungen bedeckt ein Gebüschwald. Dort, wo etwas mehr Nährstoffe vorhanden waren, konnten Holunder, Schlehe und Kreuzdorn Fuß fassen. Neuere Kiesbänke besiedelt ausschließlich der Sanddorn, sobald Strandhafer und Strandroggen mit ihren Wurzeln die losen Sande vorübergehend gebunden haben.

Fast schien es vom Inselblick aus, dass im Flachwasser ein dritter Bessin sich bildete, der schon so dicht an Rügens Küste heranreichte, als wollte er die Inseln mit einer Landbrücke vereinigen.

In den offenen Bereichen der anschließenden Bessinschen Scharr, die weiträumig nach Süden fast bis an das Rügener Seehof reicht, siedeln seltene Vogelarten wie Zwergseeschwalbe und Säbelschnäbler. Diese übersichtlichen Flachwasserbereiche, von denen es an der südlichen Ostseeküste nur wenige gibt, sind ihr geeigneter Lebensraum.

Von der Ferne aus waren die seltenen Arten nicht zu entdecken. Lediglich die großen, weißen Höckerschwäne konnte man als helle, überall im flachen Wasser verteilte Punkte erkennen.

Ganz anders vom »Utkiek« an der Spitze des Alten Bessin: Diese reetgedeckte Beobachtungshütte hat ihren Namen von dem plattdeutschen Wort für Ausblick. Alle regengeschützten Unterstände im Nationalpark tragen diesen Namen. Unter dem spitzkegeligen Dach tat der luftige Schatten besonders gut, während draußen erdrückend heiß die Sommerluft flimmerte. Horizontlinien wurden in der Ferne verzerrt, angehoben und gespiegelt. Aus südlicher Richtung im scheinbar unendlich weiten Graublau über der Bessinschen Scharr schwebte ein Gebilde, das außerirdisch erschien.

In der wabbernden Luft über dem hellen Sand wurde das unbekannte Objekt erst bei einer Drehung in der Fahrrinne als Fähre erkennbar, die mittags neue Tagesgäste von Stralsund nach Hiddensee brachte. Kaum hatte das Schiff die kürzeste Verbindung zwischen Seehof, auf der Rügener Seite, und der Fährinsel vor Hiddensee passiert, wurde es für sie eng. Im Vitter Bodden gab es nur noch in der ausgebaggerten Fahrrinne ausreichend Wassertiefe.

Zusätzlich drückte der schon tagelang anhaltende Südwestwind die Wassermassen der Ostsee kilometerweit nach Norden und Nordosten in die Meerbusen. Riesige Wattflächen lagen nun frei, durch die das Schiff zu pflügen schien.

Das erst vor einem halben Jahrhundert entstandene Windwatt bedeckt bereits die Hälfte des Vitter Boddens. Würden Baggerschiffe nicht immer wieder die Fahrstraße zwischen dem dritten Bessin und der Halbinsel Bug offen halten, könnte man

Baldellia ranunculoides – der Igelschlauch, ein klangvoller Name für Pflanzenexperten, da diese Hahnenfußart sehr selten zu finden ist.

sicherlich bereits zu Fuß bei diesem Flachwasser von hier nach Rügen wandern. Aber das Neuland samt den umliegenden Gewässerbereichen gehört in seiner ganzen Ausdehnung zur Kernzone I des Nationalparks und dürfte ohnehin nicht betreten werden.

Ranger, genauso wie der Vogelwärter, welcher auf dem Neuen Bessin in einer kleinen Hütte wohnt, wachen über das Verbot. Denn die eintönigen Wattflächen, auf denen vermeintlich nur einige Seevögel rasten, stecken bei genauerer Betrachtung voller Leben. Wind und Wasser gestalteten die scheinbar planen Flächen in Kiesbänke, tiefer liegende schlickige Bereiche, an einigen Plätzen sogar in kleine Sandaufwehungen um. Dazwischen graben Prielrinnen immer neue Wege für das unregelmäßig auf- und ablaufende Seewasser.

Das Windwatt bietet für die vielen Strandläufer auf ihrem Frühjahrs- und Herbstzug Nahrung im Überfluss. Aber auch Brutvögel finden sich hier in der Saison ein, die auf kleinen, neu entstandenen Inseln brüten.

An einigen Stellen, wo nach winterlichem Sturmhochwasser zusammengespülter Kies als kaum wadenhohe Bank zurückbleibt, findet Treibsand, den Trockenheit und Wind über das Watt blasen, einen Halt. Bald beginnen Pionierpflanzen, die im Sommer überwiegend trockenen Bereiche zu besiedeln, soweit das unberechenbare Wasser es erlaubt. Salzmiere, Krauser Ampfer und Salzmilchkraut lassen aus den Aufwehungen kleine grüne Inseln entstehen. Namen tragen die möglicherweise nur kurze Zeit bestehenden Eilande nicht.

Nur die Vogelwärter unterschieden sie vorläufig, nannten die gerade bestehenden erste, zweite und dritte Südinsel.

Die erste war die älteste. Sie lag, gut geschützt, dicht unter Land. Ganz schnell siedelte sich auf ihrem Rücken nach Strandhafer und den krautigen Pflanzen auch der alles beherrschende Sanddorn an. Auf der zweiten Südinsel, die sich viel weiter draußen auf der Scharr gebildet hatte, waren die Büsche noch nicht angekommen. Der freie, übersichtliche Grünflecken, nur wenig größer als die Fläche eines Wohnhauses, fiel im gleichförmigen Graugelb der Umgebung sogleich auf.

Hier hatten Flussseeschwalben ihre Nestmulden gedreht. Gleich daneben, in den etwas offeneren Bereichen bis hinunter auf die vegetationslosen Kiesbänke, die kaum noch als Erhebung erkennbar waren, brüteten ihre weitaus selteneren Verwandten, die Zwergseeschwalben. Aber diese kleinen, gerade einmal amselgroßen Vögel waren vom Utkiek aus fast nicht zu erkennen. Die Luft würde es, wenn sie am frühen Morgen noch nicht erwärmt aufstieg, zwar zulassen, aber die vielen verstreut herumliegenden schwarz-weißen Feuersteine ließen die gleichfarbigen Seeschwalben dazwischen weitgehend verschwinden.

Nur die knapp taubengroßen, ebenso gezeichneten Säbelschnäbler, die im Gras auf der Insel ihre Nester angelegt hatten, stachen deutlich als auffallende Punkte aus dem frischen Grün hervor. Obwohl die Seevögel ganz offen, weithin sichtbar brüten, haben sie eine bewährte Schutzstrategie.

Tagsüber kann den Bruten nichts passieren, kilometerweit ist jeder Greifvogel, jede Krähe sichtbar. So können Feinde bei Annäherung früh erkannt und entsprechend empfangen werden. Den rasanten Flugmanövern und spitzen Schnäbeln der Seeschwalben ist kein anderer Vogel gewachsen. Und nachts schützte normalerweise das Wasser vor gefährlichen Besuchern im roten Pelz.

Aber nun blies schon seit Tagen unaufhörlich der hitzebringende Südwind, der leider auch das Wasser wegdrückte. Mehr

und mehr fiel der Pegel. Selbst in den Nachtstunden kehrte das Wasser, bei abflauendem Wind, nicht zurück.

Schnell hatte ein Fuchs, der in den Sanddorndickichten des Alten Bessin lebte, die Situation erfasst. Auf seinem Wechsel am Utkiek vorbei, wo sich ja nachts gewöhnlich niemand aufhielt, sprang er mit einem Riesensatz über das wenige verbliebene Wasser in der Rinne vor dem Südzipfel. Schon war er mit trockenen Pfoten ins Windwatt gelangt. Die Vogelkonzentration auf der Insel hatte er schon tagelang in der Nase, kannte vermutlich sogar den Platz, der für ihn eine bequeme Nahrungsquelle darstellte.

Ungesehen schnürte er zielstrebig zur zweiten Südinsel. Jetzt, in der Dunkelheit, konnten die Vögel lediglich fliehen. Reineke brauchte nur noch zu sammeln. Fünf bis sechs Säbelschnäblergelege, egal wie stark bebrütet, ebenso viele Seeschwalbenbruten verschwanden sofort in seinem Bauch. Sandregenpfeifer- und Austernfischereier folgten. Aber nun, nachdem in kurzer Zeit die halbe Insel abgeräumt war, gab es keinen Hunger mehr. Jetzt begann der Fuchs ein Ei nach dem anderen vorsichtig zwischen die Zähne zu nehmen, um damit ins Watt zu laufen. Dort grub er mit den Pfoten ein kleines Loch, legte das Ei hinein, um als letztes über seine Reserve mit der Nase etwas Sand zu schieben.

Rastlos lief er ihn und her, bis der beginnende Morgen ihm keinen Sichtschutz mehr bot. So ganz ohne jede Deckung weithin erkennbar, fühlte er sich nicht mehr wohl und verschwand zum Schlafen in seinem unerreichbaren Bau auf dem Bessin.

Nur ganz wenige Seeschwalben und Säbelschnäbler, die etwas abseits der Insel, wo Treibholzstücke und Seegras lagen, den Platz für ihr Nest ausgewählt hatten, fanden ihr Gelege wieder. Doch im Wesentlichen war der wertvolle Brutbestand in einer Nacht vernichtet. Nach diesem einschneidenden Erlebnis kehrten die Brutpaare nicht zurück. Sie werden nach abgelegenen Plätzen für ihr Nachgelege suchen. Denn alle Vogelarten, die in derart veränderlichen Lebensräumen ihren Brutplatz wählen, sind auf Gelegeverluste eingerichtet.

Kaum war die Insel verwaist, wurde tagsüber der Wind auffallend frisch, drehte nach Ost, bis er für die Jahreszeit ungewöhnlich stürmisch über die Landschaft fegte. Auf dem Windwatt riss er den trockenen Sand mit sich, fegte ihn in flachen Schleiern über die kahle Fläche, bis sich an der kleinen Insel ein Widerstand fand.

Stundenlang prasselte der harte Quarzsand ungebremst auf die Pflanzen nieder, blieb dann aber in ihrem Windschatten liegen. Zuerst verschwand die flach liegende Salzmiere unter dem angewehten Sand. Alle andern Pflanzen wurden weg geschliffen oder etwas später bedeckt. Lediglich die harten Fruchtstände des Ampfers ragten noch als leblose braune Stiele aus dem Sand. Die einst grüne Insel voller Vogelleben bot nun einen deprimierenden Anblick. Aber was viel wichtiger war als ein Jahr Brutausfall an diesem Platz durch die Übersandung: das Wachstum der Insel. Mehr als 15 Zentimeter Höhe und ein Drittel Flächenzuwachs würden im kommenden Jahr mehr Brutvögeln Platz bieten und bei höheren Wasserständen die Rettung der Gelege bedeuten!

Säbelschnäbler sind auffallende Wattvögel, die zuweilen – wie hier unterhalb von Vitte auf der Bessinschen Scharr – ganz frei und offen ihren Nistplatz auswählen und brüten.

Kranich und Wildschwein im Darßwald

Ganz flach stand der abnehmende Mond am nächtlichen Himmel. Er schaffte es gerade noch, die Kronen der höchsten Kiefern im Darßwald zu beleuchten, als der Morgen heraufzudämmern begann. Stille, die fast unheimlich erschien, herrschte ringsumher. An kaum einem Platz im dicht besiedelten Mitteleuropa gibt es diese auffallende, hörbare Ruhe.

Unter den Bäumen, ganz besonders in den tiefer liegenden Riegen, herrschte noch fast völlige Finsternis. Hier standen graustämmige Erlen im schwarzen Moorwasser, von denen allerdings kaum etwas zu ahnen war. Doch inmitten dieser raumlosen Düsternis hob sich ein heller Flecken ab: der brütende Kranich. Gleichförmig, bewegungslos lag er dort auf seinem Gelege. Würde er aufmerksam beobachten, hätten die weißen Gefiederpartien an Kopf und Hals bei dem kaum vorhandenen Licht sich deutlich heller abheben müssen. Aber nichts war zu sehen. Der Kranich schlief, während in den Eiern unter ihm das neue Leben heranwuchs. Fast zwei Stunden vergingen noch, bis die beginnende Tageshelligkeit das verblassende Mondlicht ablöste. Mit dem Morgen wurden endlich Einzelheiten im Erlenbruch sichtbar.

Wie kleine Inseln standen die Bäume im Wasser. Ihre breiten Wurzelansätze, die sie brauchten, um im morastigen Untergrund Halt zu finden, waren mit dichten grünen Moospolstern besetzt.

Dazwischen trieben jetzt, Anfang Mai, Seggen ihre hellgrünen langen schmalen Blätter aus ihren alten Polstern. Auf dem dunklen Wasser begann der Hahnenfuß seine fiedrigen Schwimmblätter weiter hinaus zu schieben. Über all dem neuen, frischen Grün zogen ganz flach Dunstschleier durch den Erlenbruch.

Dieser Sonntag sollte schön werden, was der wolkenfreie Himmel und die Windstille jetzt bereits ankündigten. Das erste Frühlingsausflugswetter auf dem Darß würde viele Besucher an diesem Tag in den Nationalpark locken.

Mitten im Bruch hatte Ende März das Kranichpaar sein Nest gebaut. Dort, wo das Wasser fast einen Meter Tiefe aufwies, hatten sie heruntergefallene Äste und vorjährige, trockene Halme auf einem kleinen Hügel zusammengetragen, der vor vielen Jahren der Wurzelteller einer umgestürzten Erle gewesen war. Dieser kleine Platz bot Sicherheit. Die Wassertiefe schützte gut vor Wildschweinen und Füchsen. Hier sollten in wenigen Tagen die Küken schlüpfen.

Hell war es schon längst, da stand das Männchen, das in der Nacht die Eier bebrütet hatte, endlich auf. Sein Weibchen kam lautlos heran. Bei der Annäherung schwoll beiden vor Erregung die rote Kopfplatte. Sie ließen die Flügel etwas hängen, stellten die Schmuckfedern der Schleppe auf und begannen aufrecht, mit weit nach oben gestreckten Köpfen, ihren morgendlichen Revierruf durch den Darßwald zu trompeten. Sogleich kam Antwort von zwei verschiedenen Paaren, die offenbar einige Riegen weiter ihr Revier gefunden hatten. Nun erfolgte unkompliziert die Brutablösung. Das Weibchen wendete die Eier und brütete weiter, während ihr Partner ganz unauffällig zwischen den grauen Erlenstämmen zum Fressen verschwand. Stundenlang, bis in die Mittagszeit hinein, lag sie ruhig auf dem Nest. Nur ganz selten stand sie auf, um behutsam die Eier zu drehen.

Kein fremder Laut, keine unbekannte Bewegung störte das Tier an diesem Vormittag. Lediglich das vielstimmige Konzert der Waldvögel belebte die angrenzenden Kiefern- und Buchenwälder. So richtete sie denn nie ihren Hals steil auf, um die Umgebung misstrauisch zu mustern, obwohl unweit ein Weg durch das Bruch führte. Aber dieser wurde nur sehr selten benutzt, hatte man ihn doch mit einer Schranke abgesperrt. Erst dahinter verlief der beliebte, sechs Kilometer lange Langseer Weg, der Prerow mit dem Darßer Weststrand verbindet.

Schon in morgendlicher Kühle fuhren vereinzelt Radfahrer auf ihm entlang, um in aller Frühe am menschenleeren Strand zu baden. Sie ahnten nichts von dem heimlichen Brutplatz ganz in der Nähe ihrer Route. Das Kranichpaar wiederum kannte das bunte Hin und Her auf dem belebten Weg vom Urlaubsort zum Wasser.

Aber trotzdem hatten sie gar nicht weit entfernt, außer Sichtweite der Besucher, ihr Brutrevier gewählt, da sie hier trotz der unmittelbaren Nähe der Menschen ungestört ihre Jungen aufziehen konnten.

Aber nicht nur auf dem Langseer Weg waren Besucher unterwegs, sondern überall im Nationalpark. Besonders der Weg zum Natureum am Darßer Ort wurde an diesem Tag reichlich genutzt. Erst nahe dem Leuchtturm, am Abstellplatz für die Fahrräder und auf dem Wendeplatz für die Pferdegespanne, endete diese Besucherkonzentration. Von hier aus begann der Bohlenweg über den Ottosee zum Darßer Ort genauso wie der unbefestigte Weg durch den tiefen Dünensand direkt an den Strand.

Den ganzen Tag über herrschte dieses vielgestaltige Treiben. Erst nachdem es am Strand abendlich kühl geworden war, die Ausstellung im Leuchtturm geschlossen und das letzte Pferdegespann den Rückweg nach Prerow angetreten hatte,

Mehrere Kranichpaare brüten in den Erlenbrüchen des Darßwaldes alljährlich ihre Jungen aus.

leerte sich auch nach und nach der Fahrradparkplatz. Als nur noch zwei Räder dort auf ihre Besitzer warteten, war der Bohlenweg längst verlassen. Nun war hier alles still, denn auch der Wind legte sich, als wolle er die Nacht verschlafen. Das harte Licht des Tages musste den langen Schlagschatten weichen und der kühlende Einfluss des Meerwassers wurde in der Luft deutlich spürbar.

Nur im Schilfbestand bei den Erlen unweit des Weges schwankten einige Halme. Dort war ein Tier unterwegs, das sich immer näher zur offenen Kante schob. Schon wurden zwischen den graugelben Halmen des Altschilfes dunkle Fellstücken sichtbar, bis schließlich der spitze Kopf eines Wildschweines

Mit der Bewaldung älterer Dünen auf dem Darß haben sich in den Tälern dazwischen unpassierbare Erlenbrüche gebildet.

hervorschaute. Routinemäßig bewegte es den Rüssel auf und ab, um von allen Seiten den Wind zu prüfen. Dann trat es hervor, schüttelte sich, um sogleich im Waldboden nach Nahrung zu wühlen. Aber nur wenige Male verschwand die Rüsselscheibe im weichen schwarzen Torfboden, wohl erfolglos. Denn kurz darauf begann das noch nicht ganz ausgewachsene Tier zielstrebig über den Bohlenweg hinweg in Richtung Leuchtturm zu laufen. Nicht einmal an den Stellen, wo noch vor Kurzem viele Besucher unterwegs gewesen waren, schnüffelte es. Ja, sogar direkt auf dem Weg am Leuchtturm, an den Fahrrädern vorbei, die unbeachtet blieben, lief es entlang. Erst bei einer zerknüllten, wohl verlorenen Keksverpackung machte es halt. Sogleich war der Rüssel darüber, um ganz genau zu untersuchen, ob nicht doch noch etwas Fressbares darin war. Aber nein.

Schon ging die Suche, kreuz und quer über den Weg, weiter. Alle angrenzenden Büsche erkundete das Wildschwein, in der Hoffnung, Fressbares zu finden. Mal brach es die Grasnarbe um, mal »schaute« es mit dem Rüssel unter abgestorbene Heidekrautpolster. Gelegentlich schmatzte das Tier eine gefundene Kleinigkeit herunter. Jede Stelle, an der Menschen gewesen sein konnten, wurde zielstrebig abgesucht.

So zog das Wildschwein am Leuchtturm vorbei, verschwand gelegentlich hinter der Absperrung, um kurze Zeit später wieder mitten auf dem Besucherweg zu stehen. Das letzte Stück zum Strand ging es geradeaus. Dass die lediglich mit Strandhafer bewachsenen Dünen nichts nennenswert Fressbares boten, wusste das Tier offensichtlich. Diese Bereiche beachtete es gar nicht.

Aber auf der letzten Bank nahe dem Strand lag etwas Dunkles. Ohne Umschweife wurde nun der Schritt dorthin gelenkt und sofort begann das Schwein, sich der georteten zwei Wanderrucksäcke anzunehmen. Immer wieder, von allen Seiten, stieß es gegen sie, wurde richtig energisch, versuchte die Beute umzudrehen, bis sie schließlich im pulvrigen Sand lag. Aus ihrem Inneren musste etwas Interessantes in die Wildschweinnase duften. Ein energisches Hineinbeißen und Herumschütteln an verschiedenen Stellen brachte aber keinen Erfolg. Nichts fiel heraus. Erst recht nutzte das Zerren an den Riemen nichts.

Schließlich reichte es dem Tier. Das Schwein schüttelte den Kopf, um den Sand los zu werden, verharrte einen Moment, bis es sich dem Spülsaum zuwandte. Entweder vom Meer Angetriebenes oder Fressbares, das Badegäste hinterlassen hatten, müsste dort zu finden sein.

Das Pärchen, dem die Rucksäcke gehörten, war zwar in Sichtweite, aber etwas weiter entfernt. Eigentlich hätten sie sehen müssen, was an der Bank geschah. Aber die zwei schienen am sonst menschenleeren Strand die Augen nur für Meer, Sonnenuntergang und Wellen, vielleicht auch nur füreinander zu haben. Selbst als das Wildschwein auf sie zulief und bereits ziemlich nah heran war, bemerkten sie es erst nicht. Dann plötzlich der Schreck! Ohne jede Fluchtchance am weiten kahlen Strand muss das Entsetzen groß gewesen sein. Auf der einen Seite das kalte Meer, ansonsten nur weicher, knöcheltiefer Sand, der jedes Weglaufen lächerlich machen würde – die beiden blieben wie angewurzelt stehen.

Verkrampft starrten sie auf das Wildschwein, welches, ohne auch nur im Geringsten das Tempo zu verlangsamen, auf die Unglücklichen zulief. Erst eine verzweifelt hilflose Bewegung der Frau, die hinter ihren Mann sprang, als das Tier unmittelbar vor ihnen stand, änderte das Verhalten.

Wildschweine gehen normalerweise nur nachts, in sehr belebten Gegenden gar nicht an den Strand. Im Nationalpark ist dieser Anblick hingegen etwas Normales.

Ganz ruhig verharrte es, versuchte Wind von den Menschen zu bekommen, was aber so nicht gelang. Also lief es im Halbkreis um das Pärchen herum, merkte, dass sie nichts besaßen, was erstrebenswert war, und zog schließlich völlig desinteressiert weiter.

Lange schauten die beiden dem unheimlich aussehenden Wildtier hinterher, wie es zügig am Spülsaum entlang trottete und der Abstand deutlich zunahm. Endlich entspannten sich die zwei. Erst allmählich schienen sie zu begreifen, dass es im Nationalpark Tiere gibt, die ihre Scheu vor dem Menschen abgelegt haben. Wenn sie sachkundiger gewesen wären, hätten sie bemerkt, dass die werdende Bache im Moment viel Nahrung benötigte, ihr Bauch auffallend rund war.

Wer das Tier drei Wochen später am Leuchtturm gesucht hätte, wäre nicht fündig geworden. In der ganzen Zwischenzeit war kein Tropfen Regen gefallen, außergewöhnlich für den Monat Mai an der Küste. Trotz der leichten Feuchtigkeit, die vom nächtlichen Meer herüberkam, waren durch die sonnigen Tage alle Wälder hinter der Düne bereits so stark ausgetrocknet, dass im Nationalpark die erste Waldbrandwarnstufe galt.

Nirgends gab es im staubtrockenen Sand etwas Fressbares zu finden. Aber auch ein weiterer, viel wichtigerer Grund veranlasste die Bache, keine weiteren Ausflüge zu unternehmen.

Im Schilfwald am Bohlenweg raschelte es wie fast an jedem Abend, wenn nach den letzten Wanderern Ruhe eingekehrt war. Nur diesmal erschien nicht die Bache, sondern aus dem aufwachsenden grünen Schilf schob sich ein winziger Rüssel. Schon stand der kleine Frischling arglos im Freien. Er war aber nicht allein. Gleich hinter ihm kam der zweite aus der schützenden Deckung. Und schließlich schupste noch der dritte Nachkomme den vor ihm Stehenden zur Seite. Sofort suchte die kleine Schar im schwarzen, weichen Torf, was aber immer nur

Sekunden währte. Dann liefen sie etwas weiter, und wühlten erneut. Erst jetzt folgte die Bache. Sie grub tiefer, viel ausgiebiger an einem Platz und schien auch erfolgreich zu sein.

Ihre Frischlinge waren längst weiter gezogen. Sie warfen bereits die prasseltrockene Laubschicht unter den Buchen am Rand des Erlenbruchs um. Ihr Eifer und die Hektik waren enorm. Nur fündig wurden sie nicht. Trotz ihres lauten Geraschels vernahmen sie den Rückruf ihrer Mutter – für das menschliche Gehör lediglich ein knapper Grunzlaut. Sie reagierten sofort und bald gingen sie unmittelbar neben dem Rüssel ihrer Mutter auf Nahrungssuche. Nur im feuchten Boden des Erlenwaldes konnte die Familie noch Futter finden. Erst nach ausgiebigen Regenfällen würde es für die Bache sinnvoll sein, die Frischlinge mitzunehmen, um in der Nähe des Leuchtturms die vertrauten Nahrungsreviere zu erkunden. Und vermutlich dürften dann auch Urlauber die Schweinefamilie entdecken – ein hoffentlich ausschließlich positives, in schönen Fotos festgehaltenes Erlebnis.

Die Entdeckung der Kraniche mit ihrer Brut hingegen konnte niemandem gelingen. Sie blieben in der Brutzeit immer die heimlichen Vögel im Darßwald.

Fast zeitgleich mit der frischenden Bache schlüpften die beiden Küken aus den Eiern. Zwar war der Wasserstand im Erlenbruch durch die Trockenheit rapide gefallen, aber seine Höhe genügte, um der Familie ausreichende Sicherheit zu bieten. Schon bald schritten die Altvögel mit ihren langen Beinen bei den ersten Nahrungsausflügen im Wasser voran. Die Kleinen mussten schwimmen, über Äste klettern und sich durch Bestände des Wasser-Hahnenfußes kämpfen, die jetzt blühten. Erst als die Nachkommenschaft älter als eine Woche war, führten die Alten sie bis an den Rand des Erlenwaldes. Weiter allerdings nicht. Hier, im feuchten Übergangsbereich zum Buchenwald, war Nahrung zu finden – im Gegensatz zum trockenen Wald, dessen Untergrund nur aus Sand bestand.

Noch schliefen die Kraniche jede Nacht auf ihrem Brutnest. Aber der weiterhin sinkende Wasserstand ließ in den folgenden Wochen lediglich Schlamm in der Umgebung zurück. Die erfahrenen Altvögel wussten, dass sie umziehen mussten. Nachts wühlten bereits Wildschweine in den trocken gefallenen Randzonen des Bruches. Nun war es nur noch eine Frage der Zeit, bis die herumstreifenden Rotten für die jungen Kraniche zur Gefahr würden.

Lediglich sechs Wochen Trockenheit reichten im sandigen Darßwald aus, um die vom winterlichen Wasserüberschuss gut gefüllten Riegen in einen modrigen feuchten Wald zu verwandeln.

Ganz früh am letzten Maitag erfolgte der Umzug. Unter den nun dicht belaubten Kronen der Buchen wurde es gerade erst hell, da zogen sie los. Eine Menge abgestorbener Bäume lag kreuz und quer im Weg, die bei höherem Wasserstand kein Hindernis gewesen wären. Auch hatten sich die Seggen sehr ausgebreitet, wodurch das Gelände gefährlich unübersichtlich war. Ähnlich sah es unter den Kiefernbeständen aus, wo ein Dschungel aus Adlerfarn jedes Vorwärtslaufen unmöglich machte. Nur unter den Buchen unmittelbar am Wanderweg gab es freie Sicht, die den Vögeln Sicherheit bot. Rechtzeitig konnten sie hier Beutegreifer entdecken. Doch nichts geschah an diesem frühen Morgen. Nur die Kraniche raschelten weithin hörbar beim Laufen im trockenen Buchenlaub.

Schließlich lief die Familie samt ihren halbwüchsigen Küken sogar ein Stück auf dem Wanderweg entlang. Nun kamen die Tiere schnell und geräuschlos bis zu den Schilfbeständen am ehemaligen Schmalreffsee, der ganz in Strandnähe liegt. Hier gab es noch ausreichend tiefes Wasser, das Sicherheit bot. Das war der letzte Platz, an dem sie ungesehen hinter dichten Schilfbeständen ihre Jungen aufziehen konnten.

Als der erste Radfahrer an diesem Morgen zum Baden fuhr, waren die Vögel längst verschwunden. Nur ihr morgendlicher Revierruf verriet in den nächsten Tagen, das im Küstenwald, dicht am Darßer Weststrand, Kraniche ihre Jungen aufzogen.

Auf der Barther Oie

Die Barther Oie hatte im Juni ihr schönstes Sommerkleid angelegt. Mit ihrem flach silbrig wogenden Grasland und den weiten Kamillefluren lag sie schützend vor der Halbinsel Bresewitz.

Schön ist die Oie, aber kaum jemand kennt sie, obwohl sich die runde Insel von Zingst aus gesehen unmittelbar hinter dem bekannten Kirr befindet. Ist sie zu weit entfernt oder zu leicht im flachen Barther Bodden zu übersehen, stellt ihre Unerreichbarkeit die Ursache dar? Zwischen Kirr und Oie zieht kaum passierbar im flachen Fittstrom trübes Wasser über schlickigem Grund. Nur vom Breswitzer Ufer aus erscheint die Insel nah. Aber auch hier ist das Wasser unergründlich schlammig und zudem deutlich tiefer. Besucher können jedoch ohnehin nur vom Deich der Halbinsel herüberschauen, denn die Barther Oie ist den Seevögeln vorbehalten. Sie zu betreten, ist verboten.

Trotzdem lag ein rotes Ruderboot am Ufer, von wo aus ein Pfad ins Zentrum der Insel führte. Dort steht auf dem Buckel einer alten Sandaufschwemmung, die das Rückrat der Oie bildet, das Vogelwärterhaus – ganz klein, aber zweckmäßig gebaut, daneben der Beobachtungsturm und zwei große Pappeln, die wie Wegweiser weithin über den Bodden zu sehen sind.

Das kleine Anwesen vollendet ein massiver Zaun aus Fichtenstangen, der vor Rindern schützen soll, die auch dieses Jahr bald wieder auf das Eiland kommen würden. Am Zaun stehen Hecken, die dem ewigen Wind wenigstens etwas Einhalt gebieten. Zerzaust, mit vielen Lücken können sie die Aufgabe aber nur mäßig erfüllen. Auf der ansonsten kahlen Oie wirkt das Anwesen wie eine Insel für sich. Strom gibt es hier nicht, nur Ker-

zenschein bringt nachts Licht in die Dunkelheit. Eine Handpumpe mit dunklem Deckelbottich unter dem Hahn steht auf dem kleinen Hof. »Barther Oie – dein Herz erfreu« hat jemand silberfarbig darauf geschrieben. Aber das Schild an der Pumpe schafft eine ernüchternde Klarheit: »Nur Brauchwasser« steht darauf.

Trinkwasser, ebenso Gas zum Kochen und Holz zum Heizen, müssen herangeschleppt werden. Da erscheint der Weg zum Festland weit, wenn Wasserkanister, Gasflasche und Proviant zuerst mit dem Boot, dann mit der Schubkarre bis zum Haus zu schaffen sind. Zumal der schmale Trampelpfad genau eingehalten werden sollte, denn verschlungene Prielrinnen, über 20 kleine Teiche und Lachen verteilen sich über die flachen Bereiche des Salzgarlandes. Sie gestatten nicht überall ein Durchkommen.

Vom zeitigen Frühjahr bis zum Herbst ist der Wärter anwesend. Er beobachtet den Vogelzug, registriert den Brutbestand, achtet auf seltene Gäste aus der Vogelwelt und muss auch, was aber selten vorkommt, ungebetene Eindringlinge mit Boot von der Insel verweisen.

Die Störungsfreiheit ist wichtig, denn nirgends auf dem Festland gibt es für Rast und Brut günstige Voraussetzungen. Beutegreifer in der Nacht und die menschlichen Aktivitäten am Tag verursachen zu viel Unruhe. Die Barther Oie hingegen ist ideal für alle Durchzügler bei einem Zwischenstopp, für aus-

Die Rinder müssen das letzte Stück durchs flache Wasser zur Oie laufen – für die alten Kühe ein alljährlicher Weg, für die Kälber das erste große Abenteuer.

harrende Wintergäste, aber vor allem für die Brutvögel im Frühjahr. Ganz vielfältig wird die Insel genutzt. Tausende Nonnengänse bleiben den ganzen Winter hier, ehe sie Anfang Mai in ihre schwedischen oder hocharktischen Brutgebiete fliegen. Ebenso viele Kormorane bevölkern vorwiegend außerhalb der Brutzeit die flachen Torfbänke am Inselrand. Höckerschwäne leben hier, Lachmöwenkolonien sind zu beobachten. Eher unauffällig geben sich Austernfischer, Rotschenkel und Flussseeschwalben, die in wenigen Paaren über die Insel verteilt ihre Jungen aufziehen. Als einzige Vogelart bevölkert die Silbermöwe das gesamte Jahr über die Insel. Ihr gehört eigentlich die Oie.

Besonders im Frühjahr sieht man dem Eiland an, wie stark es genutzt wird – kurz gefressen von Nonnengänsen, kahl getreten von tausenden Vogelfüßen – auch wenn es sich nur um weiche Schwimmhautbeine handelt. Stellenweise sind die flachen, schwarzen Torfbänke vom Kot weiß überzogen.

Aber jetzt machte der Sommer die Insel schön! Aus dem stark gedüngten Boden spross das Gras üppiger als auf den sandigen Weiten der Bresewitzer Halbinsel.

Im Schutz der großen Grasbülten hatten Ende April Silbermöwen ihre Nester angelegt. Wie weit die einzelnen Standorte voneinander entfernt lagen, hing mit den Versteckmöglichkeiten zusammen. Manchmal waren es über 20 Meter, an einer anderen Stelle weniger als zwei. Die Vögel, die verspätet mit dem Bau ihrer Nester begonnen hatten, waren gezwungen gewesen, ungeschützte Plätze zu wählen. Sie hatten einfach irgendwo ihre Nestmulde ausgescharrt und dann gepolstert.

Aus der Ferne schienen weite Teile der Insel von einer einzigen großen Silbermöwenkolonie besetzt zu sein. Überall waren die hellen Vögel zu sehen. Alle Brutwilligen hatten ihr Revier gefunden, das von den Nachbarn respektiert wurde. Bald waren darin die zwei bis drei schönen, matt olivfarbenen Eier der Gelege erbrütet. Nach dem Schlupf ihrer Küken fanden die Altvögel auch genug Nahrungsquellen im nahen Umfeld der Insel. Aber der Frieden sollte nicht von Dauer sein!

Ein Silbermöwenpaar hatte etwas später mit der Brut begonnen. Beide waren noch unerfahrene, gerade geschlechtsreif gewordene Dreijährige, die es vermieden, mitten in der bereits gut besetzten Kolonie nach ihrem neuen Brutrevier zu suchen. Stattdessen wählten sie an der Südkante der Insel einen weniger geeigneten Platz, wo nur noch wenig Gras dem Nest Schutz bot. Unmittelbar daneben begann die schneeweiß gekalkte Landzunge, auf der im Winter oft die Kormorane saßen. Aber die fütterten längst ihre Jungen in der Kolonie Niederhof bei Stralsund.

Nach vier Wochen Brutzeit schlüpften zwei Küken. Als würde die Tarnfarbe der Eier auch auf das Daunenkleid der Kleinen übergehen, lagen die beiden kaum erkennbar im Nest, das sie in den ersten Lebenstagen auch nicht verließen. Noch zehrten sie vom Dottersack in ihrem Körper, waren auch noch schwach von den Anstrengungen des Schlüpfens. Nie ließen die Eltern sie alleine. Ein Partner hudert sie oder stand bei schönem Wetter wachend neben dem Nest. Stach die Sonne allzu sehr, bot er Schatten. Unterdessen brachte der andere Partner, meist das Männchen, Nahrung heran.

Die erste Futterübergabe gestaltete sich schwierig. Ziemlich ungeschickt und oft daneben pickten die Kleinen nach dem roten Fleck am riesigen Schnabel des Altvogels, lernten aber schnell, Nahrung zu bekommen. Schon am Ende der ersten Lebenswoche waren sie fähig, das Nest zu verlassen. Hier und da, mal zusammen, dann wieder einzeln, lagen sie im Brutterritorium gut verdeckt in der Kamille, die, inzwischen hoch gewachsen, kurz vor der Blüte stand. War ihnen kalt, reichte oftmals schon für wenige Momente die Wärme der Sonne aus, um sich wieder wohlzufühlen. Nur nachts huderte sie das Weibchen. Gerieten die Küken beim Platzwechsel doch in die Nähe der unsichtbaren Reviergrenze, lockte sie der wachende Altvogel zurück. Das geschah aber nur selten, da lediglich zum Inselinneren hin Nachbarn auf ihr Revier achteten. Ohnehin verschwanden die Jungen lieber zum Wasser hin im üppigen Kamillefeld. Trotz ihres geschützten Umfeldes – die störungsfreie Insel im Großen oder das bewachte Brutrevier im Kleinen – wurde ihre Lebenssituation von Tag zu Tag schwieriger. Sie hungerten! Und es war nicht nur der Hunger oder besser Appetit, den jeder Jungvogel zeigt, wenn ein Elternteil mit Nahrung kam. Dauernd warteten sie auf Futter. Was das Männchen ihnen vorwürgte, entsprach noch nicht einmal der Ration, die für einen der beiden nötig gewesen wäre. Allmählich begann die Entwicklung zu stagnieren. Für ihre Größe und das Alter war der Nachwuchs viel zu leicht. Als spürte das Weibchen die Situation, gab es die Bewachung der ohnehin schon großen Jungen endgültig auf, um ebenfalls Nahrung zu suchen.

Nach Fischkuttern, von denen immer etwas Fressbares ins Wasser zurückgeworfen wurde, brauchte sie keine Ausschau zu halten. Nur ganz früh am Morgen waren diese auf dem Bodden unterwegs. Zwar flog sie suchend über das Wasser nach Süden, aber ihr Ziel war eigentlich der Hafen von Barth. Hier konnte man neben den Imbissständen gelegentlich einen Brocken schnappen oder in den Papierkörben etwas Fressbares finden. Egal, ob Bücklingsgräten oder Weizenbrot, alles würde sie erhaschen. Aber im Hafen traf sie schon auf viele Artgenossen, insbesondere braun gefärbte Jungmöwen des Vorjahres, welche hier versuchten, die gleiche Nahrungsquelle zu nutzen. Dreist, ohne jede Scheu, liefen sie zwischen Menschen und Hunden umher, sofort zugreifend, wenn etwas herunterfiel

oder ihnen gereicht wurde. Noch im Vorjahr hatte das Weibchen dies ebenso getan. Aber nun, wo zwei Junge drüben auf der Insel auf sie warteten, war es ein vorsichtiger Altvogel geworden.

Das Weibchen flog weiter, über die alte Müllkippe von Barth, auf der Generationen von seinesgleichen früher ein gutes Auskommen gefunden hatten. Die Deponie war jetzt, geschlossen und saniert, nur noch ein grüner Hügel mit Außenzaun. Hier gab es für den Vogel nichts mehr zu erlangen. Gleich dahinter stand Raps, der auszureifen begann. Das große Feld bot ebenfalls keine Nahrung. Nur die kleinen Teiche darin suchte die Möwe genauer ab, erbeutete wenigstens einige Wasserinsekten. Auch das benachbarte Weizenfeld, der angrenzende Gerstenschlag, ebenso der Kartoffelacker waren hoch gewachsen. Kilometerweit blieb etwaige Nahrung am Boden unerreichbar. Endlich landete die Silbermöwe auf einem Maisfeld. Die Pflanzen überragten sie kaum und der Reihenabstand bot viel freie Fläche. Würmer und Käfer mussten hier ihrer Erfahrung nach zu finden sein, aber sie lief und lief, drehte gelegentlich einen Erdklumpen um, in der Hoffnung darunter etwas zu finden, wechselte von Reihe zu Reihe – vergeblich. Außer Mais gab es hier nichts! Erst beim Weiterflug bemerkte sie, dass andere Artgenossen ganz zielgerichtet noch weiter landeinwärts flogen. Sie folgte und fand endlich eine frisch gemähte Wiese, die reichlich Nahrung versprach.

Das Weibchen gesellte sich zu den vielen anderen Silber-, Sturm- und Lachmöwen, die alle versuchten, satt zu werden und darüber hinaus Futter für den Nachwuchs zu sammeln. Trotz der übergroßen Konkurrenz konnte es hier einen erdrückten Käfer, da einen halben Frosch und etwas weiter in den tief eingedrückten Reifenprofilen etliche Regenwürmer aufsammeln.

Wählerisch war die Suchende nicht.

Unter liegen gebliebenem, breit gefahrenem Gras gelang ihr endlich der beste Fund. Ihr scharfes Auge erblickte einen gut versteckten Fellfetzen: eine tote Schermaus. Begierig zog sie die große Beute hervor, um sie sofort zu verschlingen. Doch im selben Moment erhielt das Weibchen einen kräftigen Schlag gegen den Schnabel. Blitzartig entriss ihr ein fremder, großer Silbermöwenmann die Maus und versuchte schnell fortzufliegen, wurde aber sogleich von anderen Artgenossen auf das Ärgste bedrängt. Wer letztendlich die Beute verschluckte, war im Getümmel der weißen Schwingen nicht auszumachen. Daraufhin zog das Weibchen ab. Die Jungen waren bereits drei Stunden allein! Langsam zog der Altvogel im tiefen Suchflug dem Bodden entgegen. Nur selten gelang es ihm, eine Kleinigkeit vom Boden aufzupicken oder ein großes Insekt in der Luft zu verfolgen.

Die ausgeräumte, geordnete, intensiv genutzte Kulturlandschaft bot keine Nahrung. Erst in Boddennähe, als die Möwe dem Lauf eines Grabens folgte, wurde sie an dessen Mündung fündig. Tote Stichlinge trieben im Wasser. Ungeachtet des tiefen Grabenprofils, das die Sicht stark einschränkte, ging sie nieder, um die Handvoll kleiner Fische aufzulesen. Viel war es trotzdem nicht. Noch viel weniger fand sie beim Überflug vom Festland zur Halbinsel Zingst. Hin und wieder zeigte sich etwas Fressbares auf der Wasseroberfläche. Aber darauf waren zu viele andere Möwen aus. Momentan fuhr auch keines der großen weißen Schiffe, bei denen es sich oftmals lohnte, ganz nah hinterherzufliegen.

Als nächstes steuerte die Möwe die extensiv beweideten Wiesen bei Müggenburg an. Hier war nach ihrer Erfahrung immer etwas zu bekommen. Grade die feuchten Säume in Grabennähe boten sich an. Tatsächlich waren dort viel mehr Kleintiere aktiv. Ihre scharfen Augen erspähten jede Bewegung –

und schon griff der kräftige, gelbe Schnabel zu. An diesem Ort lohnte es schon eher, nach Futter zu suchen. Aber die Zeit ihrer Abwesenheit von den Jungen wurde auf beunruhigende Weise länger und länger.

So wandte sich das Weibchen abschließend dem Kirr zu, hoffend, auf der Nachbarinsel noch fündig zu werden. Schon beim Anflug sah es danach aus! Ein Säbelschnäbler führte, ohne dass der Partner zu sehen war, seine Küken ganz offen am schlickigen Ufer entlang. Die Kleinen waren erst wenige Tage alt, aus einem Nachgelege geschlüpft. Ein Tier wirkte angeschlagen. Nur mühselig tippelte es, ohne nach Futter zu suchen, der Familie hinterher. Die Gelegenheit war günstig.

Sofort beschleunigte die Silbermöwe ihren Flug, schoss herab, schnappte, ohne überhaupt den Boden zu berühren, das unbeholfene Küken im Vorbeiflug, um mit der Beute sofort wieder aufzusteilen.

Zwar flog der Säbelschnäbler lärmend hinterher, aber sein Junges war längst verschluckt. Nach diesem Erfolg kehrte das Silbermöwenweibchen auf kürzestem Weg zur Oie zurück, landete im Revier, wo ihre Jungen schon nach den ersten Locktönen hervorstürzten.

Nur einen Moment ruhte sie nach den 20 Kilometern, die sie hinter sich gebracht hatte, und der rasanten Jagd aus, während ihr ausgehungerter Nachwuchs wie wild unentwegt gegen ihren Schnabel pickte. Sogleich würgte sie das Mitgebrachte hervor. Vom Schnabel weg wurde der kleine Säbelschnäbler, der nur noch ein dunkler Klumpen mit Beinen war, sofort verschluckt. Die gleichförmige Masse aus Würmern, Käfern und Stichlingen pickten die jungen Silbermöwen in Sekundenschnelle von der Erde

auf. Ihre Mutter hingegen flog sofort wieder zur Insel Kirr, um den Jagderfolg möglichst zu wiederholen.

Schon waren die Jungen alleine. Einer der kleinen Vögel pickte noch auf dem Platz, wo vor Kurzem das wenige Futter gelegen hatte. Der andere war mit dem großen Klumpen im Magen zufrieden.

Unentschlossen watschelte er von einem Platz zum nächsten, ganz unschlüssig, wo er sich zum Verdauungsschlaf hinlegen sollte. Unerfahren, ohne die Reviergrenze zu kennen, geriet er in die Nähe der Nachbarn. Die halbwüchsige Möwe konnte beim Kriechen durchs Gras den fremden Altvogel nicht sehen, achtete ohnehin nicht auf andere Möwen, von denen ja nichts zu erwarten war. Aber der Kleine wurde längst aufmerksam beobachtet.

Plötzlich stürzte sich die Möwe des Nachbarreviers auf das unbewachte junge Tier, packte es mit festem Griff am Hals und schüttelte es wie wild. Wäre der Jungvogel kleiner gewesen, hätte der rabiate Angriff zweifellos den sicheren Tod bedeutet. So wurde er hin und her durch die Luft geschleudert, sah nichts,

bekam keine Luft, bis er den Gleichgewichtssinn völlig verlor. Irgendwie kam die kleine Möwe frei, wurde auf den Rücken geworfen, am Flügel gezerrt, am Kopf gebissen, bis in höchster Lebensgefahr alles aus ihr herauskam, was angedaut im Magen gelegen hatte. Sofort ließ die brutale Angreiferin von ihr ab, verschlang das Erbrochene und verschwand.

Blut floss aus dem Schnabelwinkel, Blut tropfte auch von der Flügelspitze, als der überfallene Jungvogel taumelnd, geschockt ins Gras fiel. Die bekannte, so vertraute Stimme der Eltern war nicht zu hören. Niemand bewachte ihn. Ganz platt, still und völlig apathisch lag die Jungmöwe da.

Aber sie hörte alles in ihrer Umgebung. Jetzt vernahm sie aus dem Revier nebenan, gar nicht weit von der Stelle entfernt, wo sie vor Kurzem so misshandelt worden war, die Bettellaute der benachbarten Jungen. Mit anhaltendem, lang gezogenem »pijääh« bedrängten sie ihren Elternvogel, der auch sogleich etwas hervorwürgte. Die Nachbarin hatte auf ihre Art Futter für den eigenen Nachwuchs besorgt, getrieben von den gleichen Elternsorgen aller Möwenarten an der Küste.

Hirschbrunft am Darßer Ort

Der beginnende Herbst am Darßer Ort war nicht mehr zu übersehen. Wie in jeder Nacht schickte der Leuchtturm sein Licht in die schwarze Weite, aber es durchschnitt nicht mehr so scharfkantig wie im Sommer die Dunkelheit. Dunstig war die Luft über dem nächtlichen Meer durch den starken Temperaturunterschied zwischen Tag und Nacht Ende September geworden. Nicht weit entfernt brachen sich die Lichtstrahlen an dicht wallenden Seenebelbänken, die auf dem Wasser lagen.

Erst am beginnenden Morgen zog dieser Seedunst in den Darßwald, ohne dass man aufkommenden Wind verspürte. Unter den dichten schwarzen Kiefernkronen zwischen dem Leuchtturm und dem Ottosee am Darßer Ort herrschte noch die Nacht. Nur schwach zeichneten sich die Bretter des tagsüber so viel begangenen Besucherweges auf dem umgebenden Waldboden ab. Schnell konnte ich nicht darauf laufen, sollte der Schritt lautlos sein. Aber der Morgen drängte, es dürfte ohnehin nicht mehr lange dauern, bis der erste Rothirsch zu hören sein würde. Noch war alles still bis auf einige Goldhähnchen, die vermutlich von Schweden her über die Ostsee geflogen kamen und bei der aufkommenden Sichtverschlechterung nur noch durch das Licht des Leuchtturmes eine Orientierung fanden. Endlich erreichten die winzigen Vögelchen nach anstrengendem, Kräfte zehrendem Überflug wohlbehalten Land und suchten sofort Futter. Zwischen den Ästen der Kiefern erforschten sie in unglaublicher Eile jeden Winkel nach Insekten und Spinnen. In Stimmfühlung leise wispelnd, zog der kleine Trupp von Baum zu Baum, ohne irgendeine Pause einzulegen oder sichernd auf die Umgebung zu achten.

Plötzlich dröhnte aus dem Schilfwald am See die erste tiefe Bassstimme eines Platzhirsches durch den Dunst. Sofort antwortete vom östlichen Rand am Nothafen ein zweiter, kurz danach von den gegenüberliegenden Dünen der nächste. Die morgendliche Brunft begann.

Der Besucherweg führte vom finsteren Kiefernwald durch die morgendlich erhellten Schilfgebiete am See, wo der Blick endlich freier wurde – soweit der Frühnebel es erlaubte. Wieder setzte das Röhren ein. Nun konnte ich endlich alle Standorte der einzelnen Rothirsche abschätzen. Die Wilddichte schien hier am Darßer Ort sehr hoch zu sein. Leise weiter gehend zum großem Beobachtungsstand bei den letzten Kiefern, vor der offenen Dünenlandschaft, stockte plötzlich mein Schritt. Ein Geweih ragte über die Rispen des Schilfes hinaus! Zwar noch weit entfernt, aber deutlich erkennbar zeichneten sich die hellen Sprossenenden vor dem diffusen Hintergrund ab. Kurz nach der Entdeckung röhrte der Hirsch, wobei sein Geweih verschwand und der warme Dunst seines Atems über dem Schilf aufstieg.

Der Brunftschrei endete mit kurzen, abgehackten Lauten – ein Hinweis darauf, dass dieser Hirsch Weibchen um sich haben musste. Im dichten Schilfwald würde das Rudel sicherlich nicht bleiben, sondern zum morgendlichen Äsen zu den krautreichen Wiesen zwischen See und Dünenbereich ziehen – im Schilf existierte kaum etwas, was die Tiere gerne fraßen. Ohnehin präsentiert sich ein brunftiger Hirsch gerne auf einer freien, übersichtlichen Fläche.

Folglich schien es mir sicher, dass das Rudel den Besucherweg kreuzen musste.

Aber Wildwechsel zwischen Dünengelände und Schilf, quer genauso wie parallel zum Bohlenweg, existierten hier überall. Es blieb ungewiss, wie sich die Tiere entscheiden würden. Als günstig machte ich eine Stelle aus, wo der Schilfwald am Wegesrand in eine Hecke aus Schlehen und Hundsrosen überging, die beim Überwechseln Deckung bieten konnte.

Gern zieht Rotwild auch gegen den Wind, um vor unangenehmen Überraschungen sicher zu sein. Aber von wo kam der Wind? Weiterhin war kein Luftzug zu spüren. Selbst die Blätter an den Spitzen der hohen Erlen bewegten sich nicht. Diese standen unmittelbar am Rand der Seeniederung und überragten die Kiefern, die im trockenen Sand ihr Auskommen finden mussten, um einige Meter.

Zwischen den taunassen Rosenzweigen klebte in einem völlig zerrissenen Spinnennetz das erste gelbe Birkenblatt. Vorsichtig pflückte ich das empfindliche Gebilde ab, um es möglichst hoch an einem Außenast erneut aufzuhängen. Diese Blatt an einem langen Faden musste auf den geringsten Luftzug reagieren. Kaum ausgependelt wehte es sogleich, aber nur ganz schwach, in die gewünschte Richtung. Nun wusste ich, dass das Wild günstig gegen den Wind ziehen konnte, ohne mich frühen Besucher an der Hecke zu bemerken.

Nichts regte sich im Schilf. Doch schon Augenblicke später wies mein »Windmesser« in die denkbar ungünstigste Richtung! Ganz beharrlich verkündete er, dass der menschliche Geruch nun über das Rotwild zog. Es war unschwer zu erraten, was kommen würde, wenn die ersten Duftmoleküle das Rudel erreichten.

Der brunftige Hirsch, den im Moment nur seine Weibchen und die Beihirsche interessierten, dürfte wohl kaum reagieren. Aber die stets vorsichtige Leitkuh! Vor meinem inneren Auge sah ich, immer auf das Birkenblatt starrend, wie sie noch ruhend das Haupt erhob, um das, was die Morgenluft ihr zutrug, genau zu prüfen. Mit geweiteten Nasenflügeln würde sie hier und da die Luft einsaugen, bis sicher war: Ein Mensch stand nicht weit entfernt. Was folgen musste: der Rückzug. Alle anderen Tiere, die auch längst den verräterischen Luftzug aufgefangen hatten, würden sich anschließen, zügig, aber ruhig und fast lautlos tiefer in das Schilfdickicht ziehen. Nur am gelegentlich herausragenden Geweih des Hirsches wäre das heimliche Verschwinden vielleicht zu bemerken gewesen.

Hier, im Nationalpark am Darßer Ort, wo 20 Jahre Schutzgebiet dem Wild auch 20 Jahre Jagdruhe beschert hatten, das Feindbild Mensch mehr und mehr verblasst war, konnte es jedoch anders kommen. Eigentlich waren die Tiere mit dem menschlichen Geruch durch den tagsüber beachtlichen Besucherverkehr längst vertraut – aber jetzt am Morgen?

So wartete ich ab. Wieder röhrte der Hirsch, aber der Ruf ertönte diesmal deutlich näher als noch vor wenigen Minuten. In das Rudel schien Bewegung gekommen zu sein. Vereinzelt wackelten Schilfhalme, was jetzt, wo sich sonst nichts rührte, besonders auffiel. Das Rotwild zog offenbar schräg zum Weg auf einem unsichtbaren Wechsel zu den Dünen. Hoffentlich würde es noch an einer Stelle über den Besucherweg wechseln, der von mir aus einsehbar war. Bald allerdings schien kein Tier mehr in der Nähe zu sein. Nirgends schwankten die Halme. Wie brachte es das Rotwild nur fertig, so geräuscharm durch das raschelnde Schilf zu gehen. Hoffentlich zog das Rudel nicht parallel zum Weg durch den schmalen Waldstreifen. Hier versperrten die bis auf den Boden reichenden Äste der Krüppelkiefern

Waldlichtungen sind in Rotwildrevieren zur Brunftzeit wie Theaterkulissen mit äußerst spannender Inszenierung für Akteure und naturbegeisterte Beobachter.

jede Sicht. Das Wild schien die Deckung gar nicht verlassen zu wollen, um erst unmittelbar neben der Beobachtungsplattform, auf der in wenigen Stunden viele Menschen den schönen Ausblick genießen würden, den Weg zu queren.

Doch urplötzlich stand das Leittier in herrlich rotbrauner Sommerdecke auf dem Weg, kaum 80 Meter von mir entfernt. Es sicherte erstaunlicherweise nicht ein einziges Mal nach links und rechts, wechselte stattdessen, gefolgt von seinem Kalb, auf die gegenüberliegende Seite. Schon erschien ein vorjähriges Tier, das sogar neben dem Weg zu fressen begann. Drei bis vier andere Hirschkühe kreuzten ganz ruhig im Hintergrund und erst, als sie verschwunden waren, sprang das Kalb mit einem Satz hinterher. Jetzt erst trat der Hirsch heraus, der nach dem Halbwüchsigen besonders groß erschien. Er schaute nach allen Seiten, warf dabei betont das beeindruckende Geweih herum und röhrte seinem Rudel hinterher. Zum ersten Mal an diesem Morgen stand der Geweihträger ganz frei in der Morgensonne und präsentierte sich. Sechzehn Enden mit auffallend langen Kronensprossen zeigte das dunkelbraune Geweih. Leider blieb er nur kurze Zeit auf dem Weg. Schon zog er ruhig, aber erhaben wirkend zwischen den Kiefern davon.

Schöner konnte die Begegnung gar nicht sein. Obwohl hier täglich Menschen unterwegs waren, strahlten alle Tiere, besonders der Hirsch, eine würdevolle Gelassenheit aus.

Längst war das Rudel ein Stück voraus, aber ich konnte seinen Standort leicht »erhören«, denn nun röhrte der Hirsch sehr häufig. Ich folgte dem Besucherweg, der, kaum aus der torfigen Seeniederung herausgeführt, vom Bohlensteg in einen breiten, mit Holzschnitzeln belegten Weg überging. An dieser Stelle waren die Tiere übergewechselt. Sie vermieden es, die erhöhten, für sie unnatürlichen Bretter zu queren. Nun konnte ich geräuschlos bis zum Aussichtspunkt laufen, in der Hoffnung, von diesem aus das Rudel weiter beobachten zu können.

Längst war die Sonne aufgegangen, mit der auch sogleich Seewind einsetzte. Zwischen den Kiefern noch ganz zaghaft, aber je offener die Landschaft wurde umso deutlicher, wehte er vom Meer herüber. Auch auf der Besucherplattform war der frische Luftzug schon stark spürbar. In der offenen Dünenlandschaft gab es nicht einmal mehr in den torfigen Senken Frühdunst. Innerhalb weniger Minuten schafften es die wärmenden Sonnenstrahlen, den nächtlichen Seenebel, der für die wandernden Zugvögel so gefährlich werden konnte, aufzulösen. Nur ganz weit draußen auf dem Meer trieb noch die schwere graue Masse, die bis vor Kurzem den ganzen Darßwald mit Feuchtigkeit durchdrungen hatte.

Der Blick vom erhöhten Beobachtungsstand aus war ringsherum frei. In der Ferne lag der eigentliche Darßer Ort. An diesem Punkt veränderte sich das Landschaftsbild so schnell wie an keiner anderen Stelle der Küste. Jede Sturmflut, jede wechselnde Wasserströmung brachte Sand, lagerte ihn ab oder riss ihn wieder mit. Aber nur, um ihn an irgendeiner anderen Stelle sogleich wieder abzulagern. Ständig wuchs die Landspitze weiter ins Meer hinaus. Bei Flachwasser deuteten schon die nächsten Sandbänke an, wie sie sich weiter entwickeln würde. Das Eiland mit dem verheißungsvollen Namen »Bernsteininsel«, das jeder alte Schulatlas vor einem halben Jahrhundert noch ausgewiesen hatte, gab es nicht mehr. Jetzt war es längst eine namenlose Sandkuppe irgendwo zwischen den Dünenkämmen.

Klares sattes Grün prägte das Landschaftsbild in den moorigen Senken, wo den ganzen Sommer über die Feuchtigkeit

Die große Naturbühne am Darßer Ort – das weitläufige Dünengelände – bietet jedem Besucher die einmalige Gelegenheit, Rothirsche zu erleben.

durch das nahe Meer erhalten blieb. Herbstlich gelb hingegen wirkten die trockenen Strandhaferfelder auf den sandigen Dünen vor dem Blau des Meeres. Dessen Oberfläche war bereits unruhig geworden. Die ersten kleinen Wellen kündigten weiteren aufkommenden Wind an.

Unschwer war das Rudel in der offenen Landschaft zu finden. Die schöne, kräftig rotbraune Fellzeichnung leuchtete weithin in der Morgensonne, da alle Tiere mit der Breitseite zu den wärmenden Strahlen standen.

Sie ästen am Rand der Niederung und interessierten sich weder für den Platzhirsch, dem das Rudel gehörte, noch für den heranziehenden Beihirsch, der es ihm streitig machen wollte. Röhrend zog der alte Sechzehnender dem Nebenbuhler entgegen, der gar nicht erst in die Nähe seiner Tiere kommen sollte.

Die beiden Rivalen schritten betont kraftvoll aufeinander zu und musterten sich gegenseitig. Abwechselnd röhrten sie. Bald liefen die Kontrahenten Flanke an Flanke über die Dünen. Aber zum Kampf kam es nicht. Nach einigen Minuten des optischen und akustischen Kräftemessens genügte es dem Eindringling. Zuerst blieb er unentschlossen stehen, schließlich zog er weiter. Er war nach dem Geweih und dem wenig ausgeprägten Halsbehang zu urteilen deutlich jünger.

Der erste Besucher kam kaum hörbar die Treppe zur Beobachtungsplattform herauf. Er nickte nur kurz herüber, wohl um jedes Geräusch zu vermeiden. Das Rotwild stand aber ausreichend weit entfernt und dem Meeresrauschen sehr nah. Es konnte von hier keinen Laut wahrnehmen. Inzwischen war auch richtiger Wind aufgekommen. Auf dem Meer begannen erste Schaumkronen sichtbar zu werden.

Was für ein Anblick bot sich hier am Darßer Ort. Rotwild im Wald, auf Lichtungen, in Mooren, einer Heide- oder Berglandschaft – das war ein gewohntes, häufig anzutreffendes Bild. Jeder an Rothirschen Interessierte kannte derartige Situationen. Aber am Meer, das Rudel in der herbstlich gelben, offenen Dünenlandschaft, eingerahmt von der blauen Ostsee mit ihren weißen Schaumkronen – diese Komposition gab es nur hier.

Auf dem Ostzingst

»Der Zingst«, so begrüßt ein Schild alle Besucher, sobald sie über die 1900 gebaute Meiningenbrücke mit dem Auto geholpert kommen. Zingst – das ist nicht allein der bekannte Urlauberort, der ursprünglich nur eine Fischersiedlung hinter der Düne darstellte, sondern auch der Name für die ganze Halbinsel.

»Zingst« hat weder etwas mit den Zinken einer Heugabel zu tun noch mit dem Metall Zink. Wie viele Ortsbezeichnungen in Mecklenburg-Vorpommern stammt diese eigenartige Benennung aus dem Slawischen, wurde von den deutschen Siedlern in ihrer Sprache etwas verändert – und bedeutet Grasland. Sicherlich war die Landschaft vor 1200 n. Chr., als hier slawische Fischer und Viehzüchter lebten, karges Weideland auf sandigen Böden mit krüppeligen Wäldern in den moorigen Senken. Aus geologischer Sicht ist der ganze Ostzingst sehr jung, kaum älter als 4000 Jahre, und besteht im Wesentlichen aus Schwemm- und Flugsand. Im Laufe der Jahrtausende wuchs Moor auf dem zuerst offenen, später teilweise bewaldeten Land. Trotzdem lag der Ostzingst lange nur wenige Dezimeter über dem Meeresspiegel. Überflutungen waren nichts Außergewöhnliches.

Östlich der Ortslage von Zingst und Müggenburg, wenn Wald und Bebauung in den Hintergrund treten, fällt als Erstes der hohe boddenseitige Deich auf. Er umschließt bis zum Nationalparkinformationszentrum zusammen mit dem Außendeich etwa ein Drittel der Halbinsel. Hier ist alles gesichert, falls das Wasser von allen Seiten auf das Land einströmen sollte. Östlich davon, dort, wo der Deich die Straße kreuzt, zeigt sich hingegen ein Naturraum im dauernden Wandel.

Aus der intensiv genutzten Halbinsel entsteht hier allmählich eine vom Menschen weitgehend unbeeinflusste Landschaft. Die acht Kilometer lange Straße bis Pramort teilt den Ostzingst in zwei völlig unterschiedlich anmutende Gebiete. Boddenseitig dehnen sich ehemals intensiv genutzte, nur von Gräben unterbrochene Wiesen aus. Auch 20 Jahre nach der Unterschutzstellung 1990 sieht man dem Naturraum noch deutlich die gravierende Veränderung an, die ihm einst durch die landwirtschaftliche Nutzung zugefügt wurde. Nur allmählich vollzieht sich hier die Umwandlung in eine extensiv genutzte Weidelandschaft. Auf der gegenüberliegenden Straßenseite, zur Ostsee hin, täuschen Weiden, Birken, Erlen und Kiefern einen natürlichen Wald vor – es handelt sich jedoch nur um eine Anpflanzung. Dahinter befand sich ein militärischer Schießplatz mit Gebäuden, die längst verschwunden sind. Nur noch halb zugewachsene Betonstraßen zeugen von der früheren intensiven Nutzung. Weite Flächen hinter dem Waldstreifen, oft von Gehölzinseln durchbrochen, haben Reitgras und Schilf überwachsen, aus denen an vielen Stellen die Spitzen kleiner Bäume herausragen. Hier beginnt bereits Wald zu entstehen, der später als naturwaldähnlich bezeichnet werden kann.

Zeitlos unbeeinflusst erscheint dagegen der Ostzingster Strand. Dort hat die Ostsee begonnen, den ganzen, mehrere Kilometer langen Strandabschnitt an eine andere Stelle umzulagern. Wo in Jahrtausenden Moorwald auf mächtigen Torflagen entstand, ist das Meer nun dabei, das Land verschwinden zu lassen. Bei jedem kleinen Hochwasser dringt das Salzwasser

Der Strand auf dem Ostzingst gehört zur Zone I im Nationalpark und unterliegt damit dem Prozessschutz. Hier wird nichts verändert, finden keinerlei Nutzungen statt.

tiefer in den Wald ein, bringt Bäume zum Umstürzen und spült die Torflager weg. Einen breiten Strand, der das Hinterland schützen könnte, gibt es hier nicht. Eher trägt die Meeresströmung den wenigen vorhandenen Sand fort. Dafür liegen kreuz und quer Kiefern, blank gescheuerte Birken und gestürzte Mooreichen am Ufer. Ineinander verhakt, so scheint es, versuchen sie noch nach ihrem Tod der See Einhalt gebieten zu wollen. Aber die Schlagkraft der Wellen ist größer. Immer mehr Bäume kommen hinzu, die dem Angriff von Salz und Wellen nicht standhalten können. Nirgends sonst gibt es an der deutschen Ostseeküste so einen wilden Strand.

Obwohl weite Teil des Ostzingst deutlich vom Menschen beeinflusst sind, fällt bei der kilometerlangen Fahrt mit dem Rad auf der autofreien Straße von der Nationalparkausstellung nach Pramort wohl jedem auf, dass die umgebende Landschaft weiträumig unverbaut ist. An keiner Stelle, abgesehen von einem Regenunterstand, sind Gebäude zu sehen. Für das ansonsten dicht besiedelte Deutschland ein gänzlich ungewöhnlicher Anblick. Erst weit entfernt, jenseits des anderen Boddenufers, zeichnet sich der gewohnte Anblick von Äckern, Dörfern, Kirchtürmen und Windrädern ab. Außerhalb des alten Deiches bei Pramort beginnt, von der extensiven Beweidung auf der Insel »Großer Werder« abgesehen, eine vom Menschen völlig unbeeinflusste Landschaft. Sie ist vom Beobachtungsturm in der Hohen Düne von Pramort am besten zu überschauen.

Hier, an diesem Platz, schuf das Meer einen Naturraum, wie er an der südlichen Ostseeküste unvergleichlich ist. Hohe Sandaufwehungen, von tiefen Tälern unterbrochen, in denen Sonnentau wächst, liegen als breite Barriere gegen den Nordoststrand. Soweit man schauen kann, ist dieser menschenleer. Nach Osten hin enden die Flugsanddünen ziemlich abrupt und

gehen in das Windwatt »Bock« über, welches sich bis ans Südende von Hiddensee ausdehnt.

Die große Wattfläche, nur einige Zentimeter über dem Wasserspiegel gelegen, kann ihren Spülsaum innerhalb weniger Stunden verlagern – je nachdem, wie der Meereswasserstand schwankt. Auch solche Gebiete existieren im Ostseeraum nur selten und sind meist sehr kleinflächig. Diese freiräumige Landschaft beherbergt zur Zugzeit viele Vogelarten, die auf ihrem Weg im Frühjahr wie im Herbst hier Zwischenrast einlegen. Besonders in den Monaten September und Oktober verweilen große Gruppen von Strandläufern, Regenpfeifern, Brachvögeln, Brandgänsen und Pfeifenten auf den reichlichen Nahrungsgründen im Watt. Südlich enden die flachen Sande an den Werderinseln. Sie bilden die eigentliche Grenze zwischen Meer und Bodden. Während die Kleinen Werderinseln ein flaches Labyrinth aus schilfbewachsenem Torf darstellen, die mit ihrer kompakten Wurzelmasse dem Wellenschlag trotzen, liegt der Große Werder als grasbewachsene Sandaufwehung wie ein Schutzschild vor dem Bodden.

Auf den höchsten Punkten der Insel, besonders dort, wo der Wind den Sand wieder weggeblasen hatte und kleine Abbruchkanten entstanden waren, saßen wie jedes Jahr sehr häufig Seeadler. Von diesem übersichtlichen Platz aus konnten sie kilometerweit Meer und Bodden überschauen, Beute entdecken und Störungen rechtzeitig wahrnehmen. Aber diese gab es hier gewöhnlich nicht, denn für die Kernzone I im Nationalpark besteht ein striktes Verbot, sie zu betreten.

Die Seeadler waren von Pramort gut auszumachen. Allerdings musste man ein Fernglas zur Hand haben und sich zuwei-

Die landschaftlich interessanten Übergänge zwischen Ostsee und Bodden, hier bei Pramort, beherbergen eine reichhaltige Tier- und Pflanzenwelt.

len auch in Geduld üben. Da die Greifvögel nur wenig flogen, konnte es schon dauern, bis sich einer in die Lüfte erhob, um Möwen die soeben angespülte Beute wegzuschnappen. Wer allerdings ruhig wartete, wurde durch den wunderbaren Anblick entschädigt, wenn ein Seeadler mit weit ausholenden Schwingenschlägen über die Landschaft zog, um selbst seine Beute unter den rastenden Vögeln zu jagen. Allein schon um dieses Geschehen in der wild anmutenden Landschaft zu erleben, lohnte der lange Radweg. Aber Pramort – wo das Ende der Welt zu sein schien – beherbergte zugleich den größten Kranichschlafplatz an der südlichen Ostseeküste.

In der nierenförmigen Bucht des Großen Werder, abgeschirmt vom rauen Einfluss der See, übernachteten auch in diesem Oktober Tausende der Vögel im Flachwasser des Boddens. Tagsüber ahnte man davon nichts. Aber schon am frühen Abend achteten Ranger darauf, dass keine Besucher mehr in der offenen Landschaft der Hohen Düne oder gar auf dem Deich zu sehen waren.

Bald sollten die Kraniche kommen. Um die Vögel beim Flug zum Schlafplatz zu beobachten, erschienen immer mehr Menschen. In der einen Tasche ihr Kranichticket, in der anderen meist ein Fernglas, wollten sie das Naturschauspiel erleben. Wo die Kraniche landen würden, entschied der Wasserstand. Heute, bei Mittelwasser und dem herrschenden Nordwind, könnten sie, so erläuterte der Ranger, tiefer in die Bucht fliegen, möglicherweise sogar die Insel nur zum Zwischenstopp nutzen, um von dort aus zu Fuß ins Wasser zu laufen, bis sie die optimale Tiefe zum Übernachten gefunden hätten. Aber wissen könne das vorher niemand. Augen zwinkernd versicherte er, dass selbst die Vögel nicht genau wüssten, wo dieses Mal ihr Landeplatz sein würde.

Schließlich kam es ihnen in der Weitläufigkeit auch nicht auf einen Kilometer nach hier oder dort an. Über weite Flächen waren die Randzonen des Boddens gleichmäßig tief, was diesen Großschlafplatz besonders auszeichnete. 30 000 Kraniche kündigte der Ranger jedoch an, was kaum vorstellbar war, wenn man die karge Boddenlandschaft sah, die, flüchtig betrachtet, lediglich Höckerschwäne als weiße Punkte dekorierten.

Nur in nordöstlicher Richtung gab es eine allbekannte Landmarke: Weit entfernt über der Horizontlinie des Meeres erhob sich eine Insel, von deren höchstem Punkt ein Licht in den Abendhimmel geschickt wurde – das des 75 Meter hoch gelegenen Leuchtturms auf dem Dornbusch von Hiddensee. Aus der flachen Perspektive von Pramort war nur dieses Hochland als Insel zu erkennen. Alle tiefer liegenden Bereiche verschwanden bereits hinter dem sichtbaren Horizont.

Ständig kamen weitere Besucher, die hinter dem Deich ihr Rad abstellten und erwartungsvoll in den Utkiek gingen. Die Seeadler, von denen einige noch auf dem Kamm des Großen Werder saßen, entdeckten allerdings nur wenige. So stellte der Ranger das große Spektiv auf die Tiere ein, um allen die Möglichkeit zu geben, diesen imposanten Greifvogel, der noch vor einigen Jahrzehnten vom Aussterben bedroht gewesen war, zu beobachten. Lange saßen die Adler aber nicht mehr in der offenen Landschaft. Einer nach dem anderen lüftete die Flügel, um östlich der Kleinen Werderinseln auf dem Waldbock zu übernachten. Dort standen einzelne Kiefern, auf denen die Vögel gerne schliefen. Nur konnte sie bis dahin niemand, auch nicht mit dem besten Fernglas, verfolgen. Die abendliche Dämmerung verschluckte die majestätischen Tiere bereits vorher.

Vor Pramort übernachten alljährlich im Oktober Kraniche. Bei gutem Wetter ist die Sicht frei bis zum Leuchtturm auf dem hohen Dornbusch von Hiddensee.

Rotwild ist über das Windwatt gewechselt und gerät nun zwischen die rastenden Kraniche an ihrem Schlafplatz. Während die Alttiere unbeeindruckt weiterziehen, beginnen die Kälber ganz ausgelassen die Vögel hin und her zu treiben.

Lange dauerte es nicht mehr, bis über der Landschaft jenseits des Boddens die ersten Kraniche lautstark ihr Kommen ankündigten. Der typische Flugruf schwang über das Wasser herüber.

Im geschützten Utkiek beachtete keiner den frischen Nordwestwind, der die Radfahrer zügig bis zum Beobachtungsturm geschoben hatte. Die heranziehenden Kraniche jedoch mussten die Wetterveränderung für die kommende Nacht gespürt haben. Über dem freien Bodden änderten die ersten Trupps ihre Flugrichtung, um möglichst schnell unter Land in den Windschutz zu kommen.

Sie steuerten überraschenderweise den Flachwasserbereich vor Pramort an. Rechts von ihnen lag das dämmrige Grasland der Insel, links, etwas weiter entfernt, leuchteten im Abendlicht die Sandberge der Hohen Düne. Hinter den einfliegenden Vögeln begann das weite Windwatt, wo die Brandungskante deutlich höher als das Land erschien.

Was für eine beeindruckende Inszenierung vor grandioser Kulisse! Schon in wenigen Minuten waren tausende Kraniche gelandet, denen weitere folgten. Aber nun reichte an dieser Stelle der Platz nicht mehr aus. Andere Gruppen, die mehr östlich aus der Umgebung Stralsunds kamen, wendeten sich direkt dem traditionellen Platz südlich vom Großen Werder zu. Flug auf Flug folgte. Überall landeten die Vögel, manche flogen wieder auf, wechselten noch unentschlossen ihren Standort. Niemand konnte sie mehr zählen, in alle Richtungen gab es Faszinierendes zu beobachten.

Plötzlich wies der Ranger, ohne das Fernglas von den Augen zu nehmen, zum Windwatt: »Schauen Sie mal nach dort.« Mehr war gar nicht nötig zu sagen, denn die großen dunklen Flecken im offenen Watt entdeckte nun jeder sofort. Wie auf einer Perlenschnur aufgezogen lief dort, scheinbar aus dem Nichts kommend, ein Rudel Rotwild. Gemächlich zog es zur Hohen Düne. Die Weibchen liefen voran, begleitet von ihren diesjährigen Kälbern. Erst mit etwa Abstand folgte der Hirsch. Er wirkte fast doppelt so groß wie die Weibchen. Die Brunftzeit war schon vorüber, denn er trieb sein Rudel nicht mehr, sondern trottete eher hinterher. Bald kam die Gruppe in die Nähe der Kraniche, die ihnen den weiteren Weg versperrten. Das Leittier blieb angesichts der unruhigen Masse grauer Vögel unentschlossen stehen. Aber die Kälber rannten weiter, machten kleine Bocksprünge und liefen auf die im flachen Wasser stehenden Vögel zu. Ganz deutlich war zu sehen, dass es ihnen Freude bereitete, die Kraniche aufzuscheuchen. Die flogen auch auf, wichen aber nur so weit aus, wie es unbedingt notwendig erschien. So entstand eine kaum 20 Meter breite Gasse für das Rotwild. Erst als um das Rudel herum Mengen aufgeregter Kraniche flatterten, liefen und riefen, wurden die jungen Hirsche unsicher. Sie erlebten den Kranichzug auch zum ersten Mal. Nun schritten die Alttiere – offenbar völlig unbeeindruckt – voran, in der Gewissheit, dass die Vögel ihnen ausweichen würden.

Der Anblick war einmalig! Für die Beobachter durchschritt das Rotwild die Kranichscharen viel zu schnell. Bald schon lagen diese hinter dem Rudel, welches ganz ruhig weiter durchs Flachwasser zog, den Schilfrand erreichte und dort den Blicken entschwand. Dass nach diesem Erlebnis noch weitere Kraniche landeten, die nach Tausenden zu zählen waren, blieb an diesem Abend nebensächlich. Alle flüsterten nur aufgeregt vom Rotwild – bis es dunkel war und die Vögel lediglich noch als große schwarze Fläche im tief dunkelblauen Wasser auszumachen waren.

Erste Besucher, die gleich nach Öffnung des Weges an der Nationalparkausstellung am nächsten Morgen den Abflug der Vögel erleben wollten, würden kein Glück haben. Schon in der Dämmerung, kaum dass der Tag heraufgraute, starteten die ersten Gruppen. Nach Sonnenaufgang waren normalerweise kaum noch Kraniche zu sehen. Nur ganz selten blieben einige satte Tiere bis zum späten Vormittag hier. So lag der Bodden in der Regel lediglich von den auffallenden Höckerschwänen bevölkert bei Tagesanbruch da – und man konnte sich kaum vorstellen, dass hier vor wenigen Stunden zehntausende Kraniche geschlafen hatten.

Herbstrast der Kraniche

Längst war die Zeit des reichhaltigen Brutvogellebens auf dem Kirr vorüber. Wo die Kolonien gelegen hatten, gab es nur noch letzte, bereits vom Gras überwachsene Überreste. Die Brutreviere der Silbermöwen waren aufgelöst, kein Höckerschwan brauchte mehr sein Nest. Schon Monate lag die bunte Vielfalt der rastenden Kampfläufer zurück, der schwarz-weißen Säbelschnäbler auf ihren Gelegen, der unsteten Brandseeschwalben, der rufenden Uferschnepfen und der ewig lärmenden Lachmöwen. Die Farbtupfer der Rinder und Pferde fehlten, die unbeschwert den ganzen Sommer über auf der Insel hatten grasen können und deren Weideland jetzt nur noch aus alten, harten Gräsern und abgefressenen Flächen bestand. Der Viehabtrieb war vor Kurzem erfolgt. Die Insel änderte täglich mehr ihre Farbe vom satten Sommergrün zum fahlen Herbstgelb. Bei Windstille lagen morgens bereits Nebelschleier über dem Bodden und an einigen Tagen überzog der erste Raureif die welkenden Weiden. Die diesige Luft des Sommers war verflogen. Viel klarer, reiner und weitsichtiger erschien die Boddenlandschaft. Herbstzeit.

Aber trotzdem blieb der Oktober ein wichtiger Monat auf dem Kirr, weshalb viele Besucher speziell um diese Zeit nach Zingst kamen. Allabendlich zog es sie auf den Deich, um auf die flache Insel hinüberzuschauen, denn der Kirr bietet ein Naturschauspiel, wie es in dieser Art nirgends sonst beobachtet werden kann – den abendlichen Einflug der Kraniche.

Eigentlich suchen die vorsichtigen Vögel für die Übernachtung immer einen abgelegenen Ort, der möglichst kilometerweit freie Sicht sowie flaches Wasser bietet und der vor allen Dingen völlig störungsfrei ist. Derartige Voraussetzungen finden die Kraniche im Nationalpark mehrfach. Neben den großen, traditionellen Schlafplätzen in der Udarßer Wiek und bei Pramort fliegen sie, je nach Wasserstand, diverse geeignete kleine Stellen an, wo nur wenige hundert Tiere übernachten.

Den Kirr zeichnet eine Besonderheit aus: Nirgends kann das Naturschauspiel so gut und bequem beobachtet werden wie hier. Nirgends liegt ein belebter Ort so dicht neben einem Platz, an dem die Kraniche Ruhe für die Nacht suchen.

So, wie an diesem klaren Herbstabend das Tageslicht verschwand, begann die Beleuchtung des Deichweges von Zingst immer stärker zu scheinen. Naturinteressierte folgten den Plakaten, die überall im Ostseebad verteilt zu abendlichen Kranichtouren einluden, zum Hafen. Bald legte das Schiff ab, drehte im engen Koppelstrom, um Kurs auf die Meinigenbrücke zu nehmen. Auf der kurzen Fahrt bis dorthin erzählte der Kapitän selbstverständlich über den Kranichzug.

Was für eine ideale Aussicht: Der Kirr, aus der Bodensicht bis zum Horizont scheinbar nur aus Gras bestehend, zeigte von dem höheren, viel übersichtlicheren Standort, den das Schiff bot, sein ganzes Muster aus Prielrinnen, verlandeten alten Gräben und Lachen.

Schon nach kurzer Zeit drehte das Schiff, bis es seinen Liegeplatz fand. Selbst der Motor schwieg nun. Westlich der nahen Meinigenbrücke verschwand allmählich die Sonne.

Bald mussten die Kraniche kommen, die tagsüber auf Ackerflächen zwischen Stralsund und Ribnitz-Damgarten Nahrung suchten. Unstet flogen sie dorthin, wo Mais angebaut wurde, pickten nach der Mahd zwischen den Ernterückständen die letzten Maiskörner und zogen dann weiter. Wo sie die Tage verbrachten, aus welcher Richtung sie nun letztendlich kommen würden, war nicht vorhersagbar – desgleichen, wo die ersten Vögel auf dem Kirr landen würden.

Dem anfänglichen Gelborange des Himmels folgte bald ein rötlicher Ton, der die ganze Landschaft überzog. Rötlich wirkte der Deich, rosa das ansonsten weiße Schiff, kräftig goldbronzene Töne zeigten die braunen Gräser auf der Insel. Für kurze Zeit lag ein magischer farbiger Schleier über dem Bodden, der allmählich immer schwächer wurde. Die Nacht begann im Nordosten heraufzudämmern.

Doch wo blieben die angekündigten Kraniche? Still lag das Schiff am Rande der Fahrrinne, nur selten verlor der Kapitän noch einem Satz, wohl allein, um die Zeit des ungewissen Wartens zu überbrücken. Die Ruhe des Abends schien alle Fahrgäste angesteckt zu haben. Die meisten genossen die Landschaft. Nur wenige unterhielten sich halblaut – bis plötzlich die ersten Kraniche angekündigt wurden. Alle schauten suchend den Abendhimmel in südwestlicher Richtung ab, konnten die Vögel aber nicht sogleich ausmachen. Allein der erfahrene Schiffer bemerkte sofort die noch kilometerweit entfernten Tiere. Ihre Flugrufe aus hunderten Kehlen, die winzigen Punkte knapp über dem Horizont, sie entgingen seinen geübten Augen und Ohren nicht. Mehr und mehr Ferngläser wurden gezückt, und nun entdeckten auch einige Gäste die herankommenden Kraniche. Kurz darauf schauten alle auf das beeindruckende Bild, wie sich die erste Gruppe, wohl über 1000 Vögel, langsam näherte. Vor dem roten Himmel zeichneten sich bald deutlich unterscheidbare Flugbilder ab. Einige Kraniche zogen in geordneter Kette, exakt Abstand untereinander haltend. Paare mit Jungen folgten für sich, die meisten Tiere jedoch kamen ungeordnet als große, heranziehende Wolke.

Nirgends ist die Kranichrast im Nationalpark so eindrucksvoll und nah vom Schiff aus zu erleben wie vor der Insel Kirr.

Mancher Beobachter versuchte zu zählen, gab das Vorhaben aber schnell wieder auf. Viel besser war es, das Schauspiel über der dämmernden Boddenlandschaft, die nur durch die Stimmen der Zugvögel erfüllt war, zu genießen – auch wenn die Tiere leider noch recht weit entfernt am Schiff vorbeizogen.

Schon erreichten die ersten Kraniche ihren Schlafplatz, ließen die Beine herabhängen, bogen die Flügel nach unten durch, um schnell Höhe zu verlieren. Wo sie landen würden, sollte nach Auskunft des Schiffers zufällig sein. Aber das traf an diesem Abend nicht zu.

Ganz unbemerkt waren zwei Familien mit ihren großen Jungen, eine kleine Gruppe von sechs Tieren, ganz flach und ohne

jeden Laut über den Bodden herangeflogen und hatten unauffällig einen alten Graben im Westteil der Insel angesteuert. Erst als alle Augen auf die landenden Kraniche gerichtet waren, fielen die bereits stehenden den Beobachtern auf. Nun war klar, wo die große Gruppe einfallen würde. Schon setzten die Ersten auf, und innerhalb weniger Minuten war das Grasland mit hellgrauen Vögeln belebt.

Viele liefen sogleich zum Graben, um süßes Regenwasser zu trinken, das sie den Tag über auf den trockenen Feldern nicht gefunden hatten. Andere riefen oder suchten noch im Gras recht ziellos nach Insekten. Die vorher stille Insel war völlig verwandelt.

Vom Schiff aus konnte das Hin und Her gut beobachtet werden. Lange dauerte es nicht, da kündigten weitere Rufe aus südöstlicher Richtung die nächsten Flüge zum Schlafplatz an. Dort war der Himmel bereits tief dunkelblau, das Boddenwasser wirkte schwarz. Diesmal landeten die Kraniche allerdings weit entfernt, gleich am gegenüberliegenden Ende der Insel, was in der tiefen Dämmerung kaum noch erkennbar war. Der erfahrene Schiffer aber schätzte anhand der Stimmen, die herüberklangen, dass es weitere 1 000 Tiere sein müssten, die sich nahe dem Kirrhof auf die Nacht vorbereiteten.

In kurzen Abständen folgten nun weitere meist kleinere Gruppen oder einzelne Familien mit Jungen. Erst jetzt schien der Einflug am Kranichschlafplatz Kirr seinen abendlichen Höhepunkt erreicht zu haben, da fortlaufend von allen Seiten des Festlandes Tiere ankamen.

Lange hatte der Kapitän nichts gesagt, einerseits um nicht zu stören, andererseits, weil es unpassend gewesen wäre, das

Klares, kühles Herbstwetter, salzige Luft, leichter Abendwind und über der ganzen Landschaft die Flugrufe der Kraniche – ein lohnendes Ziel auf dem Zingst.

zu erläutern, was ohnehin jeder selbst sehen konnte. Doch nun meldete er sich.

Von Westen her flögen die nächsten bemerkenswerten Staffeln ein, Wind und Flugrichtung seien sehr günstig, es könnte sein, dass die Kraniche dem Schiff sehr nahe kämen. Langsam wurden die schwarzen Punkte vor dem letzten roten Streifen des Abendhimmels größer und auch ihre Zahl nahm deutlich zu. Die Vögel schienen, wie angekündigt, direkt auf das Schiff zuzufliegen, das genau zwischen den bereits rastenden Artgenossen auf der Insel und ihrer Einflugschneise lag.

Niemand wagte zu sprechen. Alle schauten auf die heranziehenden langen Ketten, die weit mehr als 2 000 Kraniche umfassen mussten. Noch flogen sie vergleichsweise hoch, legten jedoch immer häufiger Gleitphasen ein, um allmählich Höhe zu verlieren. Kaum lag die deutlich aus der Landschaft herausragende Meiningenbrücke, die für alle Zugvögel einen Fremdkörper darstellt, hinter ihnen, glitten die Tiere ihrem Schlafplatz entgegen. Den sie beobachtenden Menschen schenkten sie erstaunlicherweise keinerlei Aufmerksamkeit. Ganz niedrig, links, rechts, direkt über dem Schiff, flogen sie so nahe vorbei, dass ihr Schwingenrauschen deutlich zu hören war. Zudem erfüllte der trompetende Flugruf, hundertfach vom Himmel herab und von den Rastenden beantwortet, die Luft. Trotz des abgebremsten Gleitfluges war die Geschwindigkeit der einfliegenden Kraniche, so unmittelbar erlebt, erstaunlich hoch. Schnell zog das beeindruckende Naturschauspiel an den Zuschauern vorbei. Schon standen die Kraniche als große Gemeinschaft versammelt am Schlafplatz.

Die Fahrgäste blickten ihnen tief beeindruckt hinterher und begannen, sich über das soeben Erlebte auszutauschen. Nach einer Weile, in der nur noch ganz vereinzelte Nachzügler am Himmel auftauchten, erfasste die Dunkelheit unaufhaltsam die

Boddenlandschaft. Die Schiffsschrauben begannen wieder Wasser und Schlamm aufzuwühlen, bis der Bug auf die Lichter von Zingst wies. Noch allerdings war das abendliche Erlebnis nicht ganz beendet.

Denn abschließend führte der Rückweg nah an der Nordseite der Insel vorüber, wo sich die meisten Tiere niedergelassen hatten. Soweit Wasser vorhanden war, standen die Kraniche dicht beieinander. Sie hatten ihren Platz für die Nacht bereits ausgewählt. Andere flogen noch über die Wiesen auf der Suche nach einer geeigneten Schlafmöglichkeit. Vögel, die sich weiter entfernt befanden, waren kaum noch erkennbar. Nur ihre Rufe schallten aus der Dunkelheit bis in den Ort hinein. Minuten später legte das Schiff an. Unter dem hellen Licht des Hafens wirkte der Kirr bereits tiefschwarz.

Nur kurze Zeit spiegeln sich die Wolken im ruhigen Flachwasser auf dem Bock. Bald kräuselt der Nachtwind die Oberfläche oder das Windwatt fällt wieder trocken. In diesem Lebensraum ist allein die Veränderung beständig.

Jahrtausende hat das Meer daran gearbeitet, im Schutz südlich des Dornbusch auf Hiddensee die Dünenheide aufzubauen. Flug- und Schwemmsande haben Wälle geschaffen, auf denen nur Heidekrautpflanzengesellschaften wachsen, die trotz des geringen Nährstoffangebots und der allsommerlichen Trockenheit ausgedehnte Bestände bilden können.

Die Fährinsel, zwischen Rügen und Hiddensee gelegen, entstand durch aufgespülte Sand- und Geröllwälle, die sich allmählich zu Heiden entwickelt haben. Sie werden extensiv mit Schafen beweidet, um dieses alte Kulturland in seinem jetzigen Zustand zu erhalten.

Die südlichen Küstenbereiche der Ostsee sind vergleichsweise flach und für viele nördliche Entenarten ein wichtiges Über-
winterungsgebiet. Etwa 70 % der Nationalparkfläche machen diese Gewässerbereiche aus, in denen weite Seegraswiesen
und ausgedehnte Miesmuschelbänke in den Wintermonaten das Überleben der Tiere sichern.

Das Winterwetter an der Ostsee wird durch die Klimaveränderungen und den ohnehin ausgleichenden Einfluss des Meerwassers immer milder. Schneefall und Eisbildungen finden nicht mehr häufig statt und sind meist nur von kurzer Dauer. Noch etwa alle 10 Jahre gibt es anhaltende, stärkere Eisbildungen in den Küstenbereichen.

Kartoffelrose

Birkenpilz

Meersenf

Stranddistel

90

Gefleckter Waldvogel

Kartoffelrose

Vierfleck

Queller

Basthirsche

Seeadlerpaar

Lachmöwenbrut

Brandseeschwalb

Rotwildkalb

Rotschenkel

Schafstelze

Zwergsäger

93

Wildschweine sind nicht wasserscheu – schon gar nicht im Nationalpark, wo die Tiere viele Bereiche, in denen sie Nahrung finden oder sich gerne zur ungestörten Ruhe zurückziehen, nur durchs mehr oder weniger tiefe Wasser erreichen. In den Jagdruhezonen sind sie auch tagsüber unterwegs und können so gut beobachtet werden.

Ein traumhafter Anblick in der Frühe. Bei Sonnenaufgang ziehen Geweihträger von den Äsungsflächen durchs Flachwasser. In Deutschland lebt das Rotwild normalerweise nur in großen zusammenhängenden Waldgebieten und ist wegen der Bejagung nachtaktiv. Im Nationalpark sind auch tagsüber Begegnungen möglich.

Verlag und Autoren bedanken sich sehr für die Unterstützung des Projektes durch das Nationalparkamt Vorpommern, besonders bei Siegfried Brosowski für die Anregung zu diesem Buch, bei Hartmut Sporns, der den Text auf den Seiten 6 und 7 verfasste, und bei Dr. Ingolf Stodian für die Unterstützung bei den Fotoarbeiten.

**Nationalpark
Vorpommersche
Boddenlandschaft**

Die Deutsche Bibliothek verzeichnet diese Publikation in der Deutschen Nationalbibliografie; detaillierte bibliografische Daten sind im Internet über http://dnb.ddb.de abrufbar.

© Hinstorff Verlag GmbH, Rostock 2010
Lagerstraße 7, 18055 Rostock
Tel. 0381/4969-0
www.hinstorff.de

2., aktualisierte Auflage 2012

Herstellung: Hinstorff Verlag GmbH
Lektor: Thomas Gallien
Druck und Bindung: Beltz Bad Langensalza GmbH
Printed in Germany
ISBN 978-3-356-01360-3

Bildnachweis:

Thomas Grundner: Seiten 2/3, 8, 9, 10, 11, 12, 13, 14, 16, 17, 18, 19, 20, 26, 36, 46, 52/53, 67, 72/73, 75, 77, 82, 84/85, 86, 88, 89, 94, 95, Titelbild, Rücktitel;
Jürgen Reich: Seiten 1, 15, 21, 25, 29, 32, 33 (2x), 35, 39, 43, 45, 48, 51, 55, 59, 63 (3x), 69, 78 (2x), 81, 87, 90 (4x), 91 (4x), 92 (4x), 93 (4x).

Karte: Nationalparkamt Vorpommern, Born

Cover:
Nirgendwo an der deutschen Ostseeküste existieren so vielfältige Lebensräume wie im Umfeld der Werderinseln zwischen dem Zingst und Rügen.

Seite 1:
Über 35 Küstenvogelarten brüten im Nationalpark. Unter ihnen sind sehr seltene oder sogar vom Aussterben bedrohte Arten, um deren Bestandsanhebung man sich durch geeignete Maßnahmen bemüht. Der Kormoranbestand ist gesichert. Ihn kann der Besucher überall im Park beobachten.

Seiten 2/3:
Der Strand auf dem Zingst, einer der schönsten an der Ostsee. Er ist zum Teil der ungestörten Entwicklung von Tier- und Pflanzenwelt vorbehalten.

Rückcover:
Dünen ohne jede Fußspur. Hier können noch Arten überleben, die keinerlei Trittschäden vertragen.